JN016219

新装版

「ハングル
能力検定試験
完全対策

5級

林京愛 著

HANA

**新装版について**

本書は、2018年に出版された『ハングル能力検定試験5級完全対策』の聞き取り音声をダウンロード提供のみに変更した新装版です。MP3音声 CD-ROMは付属しておりません。

**ダウンロード情報**

本書の音声は、小社ホームページ(https://www.hanapress.com)からダウンロードできます。トップページの「ダウンロード」バナーから該当ページに移動していただくか、右記 QR コードからアクセスしてください。

# はじめに

　すでに実施50回を超えた「ハングル」能力検定試験は、韓国語学習者の皆さんが自らの実力を確かめられるいい機会であると同時に、レベルを向上させるために必要不可欠な試験であると思います。

　本書は、STEP1〜4で構成されています。STEP1ではまず、「プチ模擬試験」を通じて試験の難度やご自身の現状のレベルを把握できます。STEP2で5級の出題範囲の内容を項目別に学習したら、その後はSTEP3のドリルで問題を解きながら学習内容をしっかり定着させ、さらに最後の仕上げとして、STEP4では本試験を想定した模擬試験で学習の成果を確認することができます。

　本書の特徴として、多様なドリルが挙げられます。ドリルは学習しやすいように項目別に分かれていますので、強化したい分野や苦手な部分を選び出して集中的に学習することも可能です。ドリルで自分の弱点を見つけ、克服していくという構成からも、本書は試験で効率的に合格点を取ることができる対策本になっています。また、本書1冊で総合的な力をつけてほしいとの願いから、筆記問題と聞き取り問題もバランスよく構成しています。

　本書がハングル能力検定試験のための学習に上手に活用され、皆さまの学習の一助となりますこと、そして何よりも皆さまの合格を、心から願っております。

　最後に本書の刊行に当たって、企画の段階から編集や校正に至るまで、多大なご協力をいただいた皆さまに心からお礼申し上げます。

林京愛

# 目　次

# レベルの目安と合格ライン

---

## レベル

◇60分授業を40回受講した程度。韓国・朝鮮語を習い始めた初歩の段階で、基礎的な韓国・朝鮮語をある程度理解し、それらを用いて表現できる。

◇ハングルの母音(字)と子音(字)を正確に区別できる。

◇約480語の単語や限られた文型から成る文を理解することができる。

◇決まり文句としてのあいさつやあいづち・簡単な質問ができ、またそのような質問に答えることができる。

◇自分自身や家族の名前、特徴・好き嫌いなどの私的な話題、日課や予定、食べ物などの身近なことについて伝え合うことができる。

---

## 合格ライン

聞き取り40点・筆記60点の100点満点で、60点以上が合格

試験時間：聞き取り30分、筆記60分　マークシート使用
※合格点(60点)に達していても聞き取り試験を受けていないと不合格。

# 試験の実施要項と出題形式

「ハングル」能力検定試験は1年に2回（春季・秋季）実施。春季は6月の第1日曜日、秋季は11月の第2日曜日に行われます。

試験は聞き取り試験30分、筆記試験60分の順で続けて実施され、その間の休憩時間はありません。それぞれの試験の出題形式は以下の通りです。

### 聞き取り問題　30分

**大問1〜5　全20問（40点）**

| | |
|---|---|
| イラスト問題 | 3問 |
| 数詞聞き取り問題 | 4問 |
| 応答・内容理解問題 | 13問 |

### 筆記問題　60分

**大問1〜12　全40問（60点）**

| | |
|---|---|
| 発音問題 | 3問 |
| 正書法問題 | 4問 |
| 語彙・文法問題 | 29問 |
| 読解問題 | 4問 |

**試験時間90分　100点満点**

\ POINT /

2018年春季試験から一部の出題形式が変更になったことにより、聞き取り試験ではそれまで出題されていた単語聞き取り問題と翻訳問題がなくなり、イラスト問題と数詞聞き取り問題が1問、応答・内容理解問題が4問増えました。筆記試験では読解問題が1問増えました。全体的に、内容をきちんと理解しているかを問う問題が増えています。

## 受験申込み（郵送またはオンラインで申込み）

**郵送**　「ハングル」能力検定試験の受験案内取り扱い書店で願書を入手できます。
※検定料を払込める書店と願書配布のみの書店があります。

**オンライン**　ハングル能力検定協会のサイトから願書をダウンロードできます。

**ハングル能力検定協会　http://www.hangul.or.jp/**

# 本書の特長と学習の進め方

本書はSTEP1〜STEP4の4段階で構成されています。段階ごとに学習していくことで、検定試験に合格するための総合的な実力が付けられます。

## STEP 1 プチ模擬試験

### 現状把握して学習をスタート

試験の難度、現在の自分の理解度などを把握してから本格的に学習をスタートさせられます。本試験まで時間がない場合や学習時間が思うように取れない方は、プチ模擬試験を通して苦手分野を確認し、強化したい項目を絞って学習することも可能です。

### 本試験を効率よく"お試し"

聞き取り問題、筆記問題共に、本試験で出題が想定される問題形式を1問ずつ掲載しています。

### 強化ポイントをチェック

「ドリルで強化！」では、問われている問題に対応するためにどのドリルで学習をすればいいか一目で分かります。

## STEP 2 5級必修項目

### 詳しい解説で要点確認

5級の出題範囲の中でも合格のために欠かせない必修項目を整理し、解説しています。

### 豊富な例文

助詞・疑問詞・語尾・表現など、必修事項を網羅した一覧には例文も豊富に掲載しています。「check欄」は学習経過や暗記の確認に活用してください。

## STEP 3 合格徹底ドリル

### 問題形式を確認

「この問題に効く！」では、学習しているドリルが本試験でどの問題形式に対応しているのか示しています。また、「必修項目で確認！」ではどのページを参考にして復習すればよいのか一目で分かります。

### 実力アップにつながる
### 多様なドリル

ドリルでは、本試験と同形式の問題だけでなく、別の出題パターンや本試験では出題されない記述問題なども掲載しています。検定試験対策をしながら、確実な実力アップが狙えるドリルです。

## STEP 4 模擬試験

### 仕上げの実力点検

模擬試験で、学習の総仕上げとして実力チェックができます。聞き取り試験・筆記試験共に、巻末のマークシートを使って解答してください。本試験は聞き取り試験30分、筆記試験60分で、間に休憩はありません。できるだけ本試験と同じように、時間を計り、連続で模擬試験に取り組むようにしてください。

### 本番さながらの模擬試験

ダウンロード音声に収録された聞き取り試験の音声には、解答時間のためのブランクも本番同様に含まれていますので、音声を再生したまま1回分の模擬試験に取り組むことができます。

### [巻末]

**5級重要語彙リスト**

5級出題範囲の語彙を網羅し、品詞ごとに掲載しています。表記と実際の発音が異なる単語は[実際の発音]欄に発音を掲載していますので、学習に役立ててください。また、不規則活用をする動詞と形容詞については、変格の種類を明記しました。

**間違えやすい用言活用一覧表**

5級出題範囲の用言のうち、特に活用を間違えやすいものを抜粋して掲載しています。不規則活用をする用言の活用確認に役立ててください。

●「ハングル」能力検定試験では南北いずれの正書法も認められていますが、本書では韓国の正書法に統一しています。

●「プチ模擬試験」および「模擬試験」の出題形式は、ハングル能力検定協会が示す出題要項に準じていますが、実際の試験の出題形式とは異なる場合もあります。

# STEP
# 1

## まずは現状把握！
## プチ模擬試験

聞き取り問題は音声のトラックNo.01〜12を聞いて答えてください。
空欄はメモをする場合にお使いください。

# プチ模擬試験

5級の試験勉強を始める前に、まずは実際の試験と同形式の問題を体感してみましょう。試験のレベルを把握し、自分が強化すべき学習項目を確認してから学習を始めると、実力アップにより効率的です。(解答はP.19〜)

## 聞き取り問題

解答時間の目安：10 分

🎧 01-03

1 文章と質問文を2回読みます。【質問】に対する答えとして適切な絵を①〜④の中から1つ選んでください。(2点)

_____

_____

【質問】_____

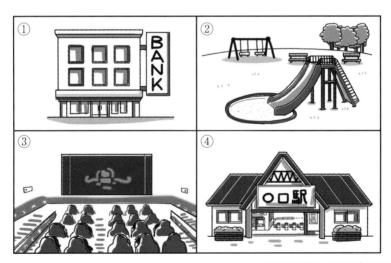

ドリルで強化！⇒P.52[イラスト問題]

04-05

2 短い文を2回読みます。(　　　　)の中に入れるのに適切なものを①〜④の中から1つ選んでください。(2点)

제 생일은 (　　　　)입니다.

①3월 11일　②3월 17일　③4월 11일　④4월 17일

ドリルで強化！⇒P.53[数詞]

06-07

3 短い文を2回読みます。応答文として最も適切なものを①〜④の中から1つ選んでください。(2点)

───────────────────────

①친구요　②학교요　③오 분이요　④다섯 명이요

ドリルで強化！⇒P.54〜[応答文]

08-09

4 対話文を2回読みます。対話の内容と一致するものを①〜④の中から1つ選んでください。(2点)

男：_____

女：_____

①今日学校に行きます。　②今日時間がありません。

③今日から学校です。　④今日授業がありません。

ドリルで強化！⇒P.58〜［対話文］

◎ **10-12**

5 文章と質問文をセットにして読みます。【質問１】と【質問２】に対する答え
として適切なものを①〜④の中から１つ選んでください。（２点×２問）

_____

_____

_____

_____

【質問１】_____

①학교　②은행　③도서관　④영화관

【質問２】_____

①학교에서 시험이 있습니다.

②친구와 같이 영화를 봅니다.

③도서관에서 공부를 합니다.

④친구와 같이 학교에 갑니다.

ドリルで強化！⇒P.58〜［対話文］

**筆記問題**

STEP
1
プチ模擬試験

**1** 発音どおり表記したものを①〜④の中から１つ選びなさい。（１点）

덥습니다

①덥씀니다    ②덥습니다    ③덤습니다    ④덛씀니다

ドリルで強化！⇒P.60〜[発音]

**2** 次の日本語の意味を正しく表記したものを①〜④の中から１つ選びなさい。（1点）

病院

①병언    ②병온    ③병안    ④병원

ドリルで強化！⇒P.62〜[文字]

**3** 次の日本語に当たるものを①〜④の中から１つ選びなさい。（１点）

天気

①날씨    ②구름    ③눈    ④비

ドリルで強化！⇒P.64〜[語彙]

4 (　　　)の中に入れるのに最も適切なものを①～④の中から１つ選びなさい。(２点)

저도 (　　　)도 대학생입니다.

①야구　　　②편지
③여동생　　④취미

**ドリルで強化！⇒P.64～[語彙]**

5 (　　　)の中に入れるのに適切なものを①～④の中から１つ選びなさい。(２点)

A：같이 영화를 볼까요?
B：미안해요. 오늘은 (　　　　).

①높아요　　　　②바빠요
③좋아요　　　　④짧아요

**ドリルで強化！⇒P.64～[語彙]**
**P.68～[文法]**

6 次の文の意味を変えずに下線部と置き換えが可能なものを①～④の中から１つ選びなさい。(２点)

저는 키가 안 커요.

①작아요　　②높아요

③멀어요　　④좋아요

STEP
1
プチ模擬試験

**7** (　　　　)の中に入れるのに適切なものを①〜④の中から１つ選びなさい。
（１点）

이 분을 (　　　　)?

①아시세요　　②아세요

③알으세요　　④알세요

ドリルで強化！⇒P.68〜［文法］

**8** (　　　)の中に入れるのに適切なものを①〜④の中から１つ選びなさい。
（１点）

어제 친구(　　　　) 만났어요.

①에게　　②보다　　③에서　　④를

ドリルで強化！⇒P.64〜［語彙］

9 次の場面や状況において最も適切なあいさつ言葉を①〜④の中から１つ選びなさい。(１点)

謝る人を許すとき。

①감사합니다.　　②여보세요.
③천만에요.　　④괜찮아요.

ドリルで強化！⇒P.76〜[あいさつ表現]

10 対話文を完成させるのに最も適切なものを①〜④の中から１つ選びなさい。(２点)

A：도서관에서 무엇을 했어요?
B：(　　　　　　　).

①요리를 했어요　　②도서관에 다녔어요
③책을 읽었어요　　④처음 만났어요

ドリルで強化！⇒P.78〜[対話文]

11 対話文を読んで、問いに答えなさい。（2点×2問）

건우 : 유라 씨는 몇 살이에요?
유라 : 저는 열여덟 살이에요.
건우 : 이 분은 누구세요?
유라 : 제 언니예요. 저보다 두 살 (　　　　　).
건우 : 언니는 무엇을 하세요?
유라 : 대학생이에요.

1）（　　　）の中に入れるのに適切なものを①〜④の中から1つ選びなさい。

　　①많아요　　②멀어요　　③좋아요　　④없어요

2）'언니' は何歳ですか。

　　①열여섯 살　　②열일곱 살
　　③열아홉 살　　④스무 살

ドリルで強化！ ⇒ P.78〜[対話文]

12 文章を読んで、問いに答えなさい。(2点×2問)

　어제 미국에서 친구가 왔습니다. 저는 어제 공항에 갔습니다. <u>거기</u>에서 친구를 만났습니다. 오늘은 친구하고 한국 요리를 먹었습니다. 아주 맛있었습니다.

１）'<u>거기</u>' が指すものを①〜④の中から１つ選びなさい。

　　①미국　　②공항　　③친구　　④요리

２）対話文の内容と一致するものを①〜④の中から１つ選びなさい。
　　①イギリスから友達が来ました。
　　②私は友達の家に行きました。
　　③友達は昨日来ました。
　　④友達とお茶を飲みました。

ドリルで強化！⇒P.80〜[読解]

# プチ模擬試験　　　解答

## 聞き取り問題

### 1 正解 ①

🔊音声

어제는 은행 앞에서 친구를 만났습니다. 친구와 같이 영화를 봤습니다.

【質問】어디서 친구를 만났습니까?

昨日は銀行の前で友達に会いました。友達と一緒に映画を見ました。

【質問】どこで友達に会いましたか?

### 2 正解 ②

🔊音声

제 생일은 삼월 십칠 일입니다.

私の誕生日は3月17日です。

①3月11日　②3月17日　③4月11日　④4月17日

**Point** 日付の「〜月〜日」には漢数詞を用いますので、**일월**(1月)、**이월**(2月)、**삼월**(3月)、**사월**(4月)……のようになります。3月17日は**삼월 십칠일**で発音は[**사뭘십치릴**]です。**일**と**이**、**삼**と**사**、**십일**と**십이**など聞き間違えやすい数字の聞き取り練習を繰り返しましょう。

### 3 正解 ④

🔊音声

모두 몇 분이 오세요?

全部で何名さまがいらっしゃいますか?

①友達です　②学校です　③5分です　④5名です

**Point** **모두**は「全て」「全部で」の意味です。**몇 분**は「何分」という意味にも「何名さま」という意味にもなりますが、**모두**(全部で)や**오세요?**(いらっしゃいますか?)などから人数を聞いていると分かります。濃音化により[**멷뿐**]と発音します。

正解 ④

■音声

男：오늘 왜 학교에 안 가요?

女：오늘은 수업이 없어요.

男：今日なぜ学校に行かないんですか？

女：今日は授業がありません。

■音声

오늘은 유월 칠 일 금요일입니다. 다음 주 월요일에 학교 시험이 있습니다. 저는 내일 친구와 같이 도서관에 갑니다. 도서관에서 공부를 하겠습니다.

今日は6月7日金曜日です。来週の月曜日に学校の試験があります。私は明日友達と一緒に図書館に行きます。図書館で勉強をします。

【質問1】正解 ③

■音声

【質問1】토요일에는 어디에 갑니까？

【質問1】土曜日にはどこへ行きますか？

①学校　②銀行　③図書館　④映画館

**Point** 今日は金曜日だと言っているので、「土曜日＝明日」です。ですから土曜日に行く場所は、つまり「明日」友達と一緒に行くと言っている③になります。

【質問2】正解 ③

■音声

【質問2】내일은 무엇을 합니까？

明日は何をしますか？

①学校で試験があります。

②友達と一緒に映画を見ます。

③図書館で勉強をします。

④友達と一緒に学校に行きます。

**Point** 正解以外の選択肢を見ると、①→学校で試験があるのは来週月曜

日。②→友達と一緒に図書館に行く。④→友達と一緒に行くのは図書館。
ポイントを聞き取れたでしょうか？

---

**筆記問題**

1 正解 ① 　暑いです

**Point** -습니다は鼻音化により[슴니다]と発音されます。また、終声ㅂ+
初声ㅅは濃音化により初声ㅅが从になります。

2 正解 ④

3 正解 ①

①天気　②雲　③雪、目　④雨

4 正解 ③

私も(　　　)も大学生です。

①野球　②手紙　③妹　④趣味

**Point** 大学生になり得るのは③だけです。

5 正解 ②

A：一緒に映画を見ましょうか？
B：ごめんなさい。今日は(　　　　　).

①高いです　②忙しいです　③良いです　④短いです

**Point** Aの誘いに対してBが「ごめんなさい」と答えているので、映画に
は一緒に行けないことが分かります。その理由を述べている②が正解です。

6 正解 ①

私は背が高くありません。

①小さいです　②高いです　③遠いです　④良いです

**Point** 「背が高い」と言うときの「高い」は높다ではなく크다です。「背が
高い」を키가 크다(背が大きい)、「背が低い」を키가 작다(背が小さい)と

表現するので注意しましょう。

正解 ②

この方を(　　　　)？
②ご存じですか　※①③④は間違った形
**Point** 아세요?(ご存じですか？)の基本形은알다です。ㄹ語幹なのでㄹパッ
チム＋세요でㄹパッチムが落ち、「알＋세요→아＋세요→아세요」となった
形です。

正解 ④

昨日友達(　)会いました。
①に　②より　③で　④に(会う)
**Point** 「(人)～に会う」は～을/를 만나다で、「～に乗る」は～을/를 타다
となります。日本語につられて～에や～에게と間違えやすい助詞ですので
注意しましょう。

正解 ④

①ありがとうございます。　②もしもし。
③とんでもないです。　　　④構いません。

正解 ③

A:図書館で何をしましたか？
B:(　　　　　　)。
①料理をしました。　②図書館に通いました。
③本を読みました。　④初めて会いました。

ゴヌ:ユラさんは何歳ですか？
ユラ:私は18歳です。
ゴヌ:この方はどなたですか？
ユラ:私の姉です。私より２歳(　　　　)。
ゴヌ:お姉さんは何をしていらっしゃいますか？
ユラ:大学生です。

1）正解 ①

①多いです（年齢が上です）　②遠いです　③良いです　④ないです

**Point** ユラが「姉」と答えているので、年齢はユラより上だと判断できます。

2）正解 ④

①16歳　②17歳　③19歳　④20歳

**Point** ユラが18歳なので、2歳上の姉は20歳だと分かります。언니、오빠、누나、형など、きょうだいの呼称もきちんと整理して覚えましょう。

12　昨日アメリカから友達が来ました。私は昨日空港に行きました。そこで友達に会いました。今日は友達と韓国料理を食べました。とてもおいしかったです。

1）正解 ②

①アメリカ　　②空港　　③友達　　④料理

2）正解 ③

**Point** 正解以外の選択肢を見ると、①→友達が来たのはアメリカから。②→私が行ったのは空港。④→友達とは韓国料理を食べた。これらのポイントを読み取れたでしょうか？

STEP

# 2

出題範囲を確認！
# ５級必修項目

韓国語の発音は、パッチムとそれに続く初声の組み合わせによって発音がさまざまに変化します。ポイントを押さえながら一つずつ学習していきましょう。初声とは一つの音節の最初の子音のことで、パッチムは一つの音節の最後に書かれた子音字のことです。パッチムの表記には下表の種類がありますが、実際の発音は[発音]欄の七つの音に分類されます。この発音を「終声」と言います。

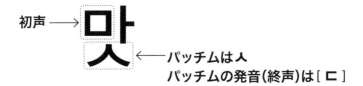

初声 ⟶ 맛

←── パッチムは ㅅ
パッチムの発音(終声)は [ ㄷ ]

## パッチムの発音

| 発音 | パッチムの表記 |
|---|---|
| ㄱ ( k ) | ㄱ ㅋ ㄲ ㄳ ㄺ |
| ㄴ ( n ) | ㄴ ㄵ ㄶ |
| ㄷ ( t ) | ㄷ ㅌ ㅅ ㅆ ㅈ ㅊ ㅎ |
| ㄹ ( l ) | ㄹ ㄼ* ㄽ ㄾ ㅀ |
| ㅁ (m) | ㅁ ㄻ |
| ㅂ ( p ) | ㅂ ㅍ ㅄ ㄿ ㄼ* |
| ㅇ ( ŋ ) | ㅇ |

＊ㄼは単語により[ㄹ]を発音する場合と[ㅂ]を発音する場合があります。

## 1. 連音化(リエゾン)

①パッチムの後に母音が続くと、そのパッチムは次の音節の最初の子音(初声)として発音される。

パッチムの後に母音が続くと……

산이 ➡ 사니

パッチムが　　次の音節の初声に

| 表記と意味 | 実際の発音 |
|---|---|
| **선생님이** 先生が | **[선생니미]** |
| **높아요** 高いです | **[노파요]** |
| **얼굴을** 顔を | **[얼구를]** |
| **일본어** 日本語 | **[일보너]** |
| **십일월에** 11月に | **[시비뤄레]** |

②2文字のパッチムの後に母音が続く場合は、二つのパッチムを順に発音する。

| 表記と意味 | 実際の発音 |
|---|---|
| **읽어요** 読みます | **[일거요]** |
| **앉아요** 座ります | **[안자요]** |
| **짧아요** 短いです | **[짤바요]** |
| **값이** 値段が | **[갑씨]** |

③パッチム ㄲ、ㅆ の後に母音が続く場合は、そのまま連音化する。

| 表記と意味 | 実際の発音 |
|---|---|
| **있어요** います、あります | [이써요] |
| **밖은** 外は | [바끈] |

## 2. ㅎ音の変化

①パッチム ㅎ の後に母音が続くと、ㅎ は発音されない。

パッチム ㅎ の後に
母音が続くと……

# 좋아요 ➡ 조아요

ㅎは発音されない

| 表記と意味 | 実際の発音 |
|---|---|
| **놓아요** 置きます | [노아요] |
| **괜찮아요** 大丈夫です | [괜차나요] |
| **많아요** 多いです | [마나요] |
| **싫어요** 嫌です | [시러요] |
| **좋아해요** 好きです | [조아해요] |
| **넣어요** 入れます | [너어요] |

②パッチム ㄴ、ㄹ、ㅁ の後に ㅎ が続くと、ㅎ は弱音化してほとんど発音されない。
そのため、連音化と同様の発音変化が起こる。

パッチム ㄴ、ㄹ、ㅁ の
後に ㅎ が続くと……

# 전화 ➡ 전화 ➡ 저놔

ㅎの音が弱くなり　連音化と同じ発音変化

| 表記と意味 | 実際の発音 |
|---|---|
| **은행** 銀行 | **[으냉]** |
| **천천히** ゆっくり | **[천처니]** |
| **올해** 今年 | **[오래]** |
| **말해요** 言います | **[마래요]** |

## 3. 濃音化

[ㄱ][ㄷ][ㅂ] の音で発音するパッチムの後にㄱ、ㄷ、ㅂ、ㅅ、ㅈが続くと、それぞれ濃音のㄲ、ㄸ、ㅃ、ㅆ、ㅉで発音される。

| 発音の変化 | | 例 |
|---|---|---|
| [ㄱ] + ㄱ ㄷ ㅂ ㅅ ㅈ → ㄱ + ㄲ ㄸ ㅃ ㅆ ㅉ | | **학교 [학꾜]** 学校<br>**식당 [식땅]** 食堂<br>**학생 [학쌩]** 学生<br>**숙제 [숙쩨]** 宿題 |
| [ㄷ] + ㄱ ㄷ ㅂ ㅅ ㅈ → ㄷ + ㄲ ㄸ ㅃ ㅆ ㅉ | | **닫다 [닫따]** 閉める<br>**여섯 시 [여섣씨]** 6時 |
| [ㅂ] + ㄱ ㄷ ㅂ ㅅ ㅈ → ㅂ + ㄲ ㄸ ㅃ ㅆ ㅉ | | **덥다 [덥따]** 暑い<br>**십 분 [십뿐]** 10分<br>**아홉 장 [아홉짱]** 9枚 |

## 4. 鼻音化(1)

語尾 - ㅂ니다(〜です、ます)、- ㅂ니까(〜ですか、ますか)の発音は、[ - ㅁ니다][ - ㅁ니까]と発音されます。

| 表記と意味 | 実際の発音 |
|---|---|
| **갑니다** 行きます | **[감니다]** |
| **먹습니다** 食べます | **[먹씀니다]** |
| **덥습니까?** 暑いですか？ | **[덥씀니까]** |
| **있습니다** あります、います | **[읻씀니다]** |
| **고맙습니다** ありがとうございます | **[고맙씀니다]** |
| **학생입니다** 学生です | **[학쌩임니다]** |

＊鼻音化（2）は４級の出題範囲になります。

# 5級必修項目② 助詞

　日本語と同様、韓国語にも助詞がありますが、その用法は必ずしも日本語と同じではないので注意が必要です。また、パッチムの有無によって助詞が異なる場合もありますので、整理して覚えていきましょう。

## 直前の名詞のパッチムの有無に関わらない助詞

| 助詞　　　　　　　　✓CHECK 1 2 | 例文 |
|---|---|
| □□ **같이**<br><br>～のように | **오늘은 겨울 같이 춥습니다.**<br>今日は冬のように寒いです。 |
| □□ **까지**<br><br>(場所の終点・時の終点・順序)～まで | **집에서 역까지 아주 멀어요.**<br>家から駅までとても遠いです。<br>**내일까지 여름 방학입니다.**<br>明日まで夏休みです。 |
| □□ **도**<br><br>～も | **형도 누나도 대학생입니다.**<br>兄も姉も大学生です。 |
| □□ **만**<br><br>～だけ、～ばかり(限定) | **가방에는 책만 있어요.**<br>かばんには本ばかりあります。 |
| □□ **보다**<br><br>より(比較) | **저보다 남동생이 키가 큽니다.**<br>私より弟の方が背が高いです。 |
| □□ **부터**<br><br>(時の起点・順序)～から | **내일부터 공부를 하겠습니다.**<br>明日から勉強をします。 |

| | 助詞 | 例文 |
|---|---|---|
| □□ 에서(縮約形：서) | ①(場所)～で<br>②(場所の起点)～から | **신주쿠에서 만나요.**<br>新宿で会います。<br>**저는 한국에서 왔어요.**<br>私は韓国から来ました。 |
| □□ 에 | ①(場所)～に<br>②(時間)～に | **내일 오키나와에 갑니다.**<br>明日、沖縄に行きます。<br>**수업은 9시에 시작됩니다.**<br>授業は9時に始まります。 |
| □□ 에게(書き言葉的)<br>　　한테(話し言葉的) | (人・動物)～に | **여동생에게 선물을 주었습니다.**<br>妹にプレゼントをあげました。<br>**친구한테 전화했어요.**<br>友達に電話しました。 |
| □□ 하고 | ～と(話し言葉的) | **여동생하고 놀았습니다.**<br>妹と遊びました。<br>**노트하고 볼펜을 사요.**<br>ノートとボールペンを買います。 |
| □□ 의 | ～の | **이 과일의 이름이 뭐예요?**<br>この果物の名前は何ですか？ |

## 直前の名詞にパッチムがあるかないかで異なる助詞

| 助詞 | | 例文 |
|---|---|---|
| パッチムあり | パッチムなし | ✓CHECK 1 2 |
| □□ 은 | □□ 는 | **학생들은 여기에 없어요.**<br>学生たちはここにいません。 |
| ～は | | **저는 대학생입니다.**<br>私は大学生です。 |

32

| □□ 을 | □□ 를 | 아침에는 빵을 먹어요. |
| | | 朝はパンを食べます。 |
| ~を | | 한국어를 공부합니다. |
| | | 韓国語を勉強します。 |

| □□ 이 | □□ 가 | 그 분이 제 선생님입니다. |
| | | その方が私の先生です。 |
| ~が、~は | | 내일 친구가 옵니다. |
| | | 明日、友達が来ます。 |

| □□ 으로 <br> ＊ㄹパッチムの場合は로 | □□ 로 | 선생님으로 이 학교에 왔어요. |
| | | 先生としてこの学校に来ました。 |
| (手段)~で <br> (資格)~として <br> (方向)~へ | | 학교에는 지하철로 갑니다. |
| | | 学校には地下鉄で行きます。 |
| | | 이번 여행은 해외로 가요. |
| | | 今度の旅行は海外へ行きます。 |

| □□ 과 | □□ 와 | 화요일과 금요일에 병원에 갑니다. |
| | | 火曜日と金曜日に病院に行きます。 |
| ~と(書き言葉的) | | 매일 친구와 함께 공부를 합니다. |
| | | 毎日友達と一緒に勉強をします。 |

| □□ 이요(?) | □□ 요(?) | 무엇을 좋아해요? |
| | | 何が好きですか？ |
| ~です(か?) | | 비빔밥이요. ビビンバです。 |
| | | 불고기요. プルコギです。 |

## 間違えやすい助詞

~을/를 타다 : ~に乗る　버스를 타고 가요. バスに乗って行きます。(×버스에)

~을/를 만나다 : ~に会う　오늘 친구를 만나요. 今日友達に会います。(×친구에게)

~을/를 좋아하다 : ~が好きだ　저는 과일을 좋아해요. 私は果物が好きです。

(×과일이)

疑問文で「いつ」「どこ」「誰」「何」「どう」「どんな」などを尋ねる疑問詞には、以下のものがあります。例文を覚えながら使い方を確認しましょう。

| 疑問詞　　　　　　　　✓CHECK 1 2 | 例文 |
| --- | --- |
| □□ **누구**<br><br>誰 | **그 사람은 누구예요?**<br>その人は誰ですか？ |
| □□ **누가(누구+가)**<br><br>誰が | **어제 누가 왔어요?**<br>昨日、誰が来ましたか？ |
| □□ **몇**<br><br>何、いくつの、いくつかの<br>(月日、時、年齢、数量、分量などを尋ねる) | **몇 시에 일어나요?**<br>何時に起きますか？<br>**몇 개 삽니까?**<br>何個買いますか？ |
| □□ **무슨**<br><br>何、何の、どんな<br>(曜日や種類などを尋ねる) | **무슨 요일이에요?**<br>何曜日ですか？<br>**무슨 색을 좋아해요?**<br>何色が好きですか？ |
| □□ **무엇**(縮約形：**뭐**)<br><br>何<br>(物の名前や事柄、内容について尋ねる) | **지금 무엇을 해요?**<br>今、何をしていますか？<br>**뭐 마셔요?**<br>何飲んでいますか？ |
| □□ **어느**<br><br>どの | **어느 나라에서 왔어요?**<br>どの国から来ましたか？ |

| | |
|---|---|
| □□ **어디**<br><br>どこ | <u>어디</u>에 가요?<br><u>どこ</u>に行きますか？ |
| □□ **어떤**<br><br>どんな | <u>어떤</u> 음악을 좋아해요?<br><u>どんな</u>音楽が好きですか？ |
| □□ **어떻게**<br><br>どのように | 회사까지 <u>어떻게</u> 가요?<br>会社まで<u>どのように</u>行きますか？ |
| □□ **언제**<br><br>いつ | <u>언제</u> 친구를 만났어요?<br><u>いつ</u>友達に会いましたか？ |
| □□ **얼마**<br><br>いくら<br>（値段、量、時間などを尋ねる） | 그 가방은 <u>얼마</u>예요?<br>そのかばんは<u>いくら</u>ですか？ |
| □□ **왜**<br><br>なぜ、どうして | <u>왜</u> 같이 안 가요?<br><u>なぜ</u>一緒に行かないのですか？ |

　数量や順序を表す数詞には、漢数詞と固有数詞があります。漢数詞は日本語の「いち、に、さん……」に当たり、固有数詞は「ひとつ、ふたつ、みっつ……」に当たります。これらの数詞と共に用いられて「〜個」「〜枚」などを表す助数詞は、漢数詞に用いられるものと固有数詞に用いられるものに分かれていますので、整理して学習していきましょう。

| | 漢数詞 | 固有数詞 | | 漢数詞 | 固有数詞 | | 漢数詞 | 固有数詞 |
|---|---|---|---|---|---|---|---|---|
| 1 | 일 | 하나 (한) | 11 | 십일 | 열하나 (열한) | 30 | 삼십 | 서른* |
| 2 | 이 | 둘 (두) | 12 | 십이 | 열둘 (열두) | 40 | 사십 | 마흔* |
| 3 | 삼 | 셋 (세) | 13 | 십삼 | 열셋 (열세) | 50 | 오십 | 쉰* |
| 4 | 사 | 넷 (네) | 14 | 십사 | 열넷 (열네) | 60 | 육십 | 예순* |
| 5 | 오 | 다섯 | 15 | 십오 | 열다섯 | 70 | 칠십 | 일흔* |
| 6 | 육 | 여섯 | 16 | 십육 | 열여섯 | 80 | 팔십 | 여든* |
| 7 | 칠 | 일곱 | 17 | 십칠 | 열일곱 | 90 | 구십 | 아흔* |
| 8 | 팔 | 여덟 | 18 | 십팔 | 열여덟 | 100 | 백 | — |
| 9 | 구 | 아홉 | 19 | 십구 | 열아홉 | 1,000 | 천 | — |
| 10 | 십 | 열 | 20 | 이십 | 스물 (스무) | 10,000 | 만 | — |

＊30〜90台の固有数詞は4級の範囲です。

36

## ①漢数詞に用いられる助数詞

| | | | | | |
|---|---|---|---|---|---|
| **년** | 年 | **원** | ウォン | **주일** | 週間 |
| **월** | 月 | **엔** | 円 | **층** | 階 |
| **일** | 日 | **번** | 番 | | |
| **분** | 分 | **주** | 週 | | |

## ②固有数詞に用いられる助数詞

| | | | | | |
|---|---|---|---|---|---|
| **명** | 名 | **번** | 回、度 | **장** | 枚 |
| **분** | 名さま | **시** | 時 | **마리** | 匹、頭 |
| **살** | 歳 | **시간** | 時間 | | |
| **개** | 個 | **권** | 冊 | | |

STEP 2 5級必修項目

| | |
|---|---|
| **注意1** | 漢数詞の**육**(6)と**십**(10)は、~**월**(月)が続く場合のみ、例外として**유월**(×**육월**)、**시월**(×**십월**)となる。 |
| **注意2** | 「一万」は**일만**ではなくて**만**になる。<br>**만 원** 1万ウォン　（×**일만 원**） |
| **注意3** | 固有数詞の1~4は、直後に助数詞が続く場合、左表の（ ）の形になる。<br>**한 개** 1個　（×**하나 개**）　**열두 살** 12歳　（×**열둘 살**） |
| **注意4** | 固有数詞の20は、直後に助数詞が続く場合、左表の（ ）の形になる。<br>**스무 살** 20歳　（×**스물 살**）　**스무 명** 20人　（×**스물 명**） |

　用言の語幹や体言に付いて、「〜です」「〜ます」「〜しましょうか？」などの表現をするのが語尾です。語幹末の母音の種類やパッチムの有無によって接続の形が異なるものもあるので、きちんと確認しましょう。

　「語幹」とは、用言の基本形から**다**を除いた部分のことです。また、語幹の最後の音節を「語幹末」、語幹末にある母音を「語幹末の母音」、「語幹の最後の母音」などと表します。

| ここが語幹 | ここが語幹 |
|---|---|
| 가다<br>먹다<br>공부하다 | 춥다<br>바쁘다<br>맛있다 |
| 語幹末 | 語幹末 |

　語幹末の母音（語幹の最後の母音）は**가다**→ㅏ、**먹다**→ㅓ、**공부하다**→ㅏ、**춥다**→ㅜ、**바쁘다**→ㅡ、**맛있다**→ㅣです。

| 1. -겠- | 「〜するつもりだ」という意志の表現 |
|---|---|
| 2. -지요(？)<br>※縮約形は -죠 | ①〜（ます／です）よ<br>②〜（ます／です）かね？<br>③〜（ます／です）よね |

[接続の形] 用言の語幹に直接付く

**저는 내년에 한국에 가겠습니다.** 私は来年韓国に行きます。

저는 비빔밥을 먹겠습니다. 私はビビンバを食べます。

이 사과 맛있지요? このリンゴ、おいしいですよね？

| 3. -(스)ㅂ니다 | ～ます、～です |
| :--- | :--- |

| 4. -(스)ㅂ니까? | ～ますか？、～ですか？ |
| :--- | :--- |

| 5. -(스)ㅂ니다만<br>※-(스)ㅂ니다마는の縮約形 | ～(ます／です)が |
| :--- | :--- |

接続の形 語幹末にパッチムがある：語幹＋**습니다**
　　　　　　　　　　　　　　　語幹＋**습니까?**
　　　　　　　　　　　　　　　語幹＋**습니다만**

| 基本形 | - 습니다 | - 습니까? | - 습니다만 |
| :--- | :--- | :--- | :--- |
| **먹다**<br>食べる | **먹습니다**<br>食べます | **먹습니까?**<br>食べますか？ | **먹습니다만**<br>食べますが |
| **읽다**<br>読む | **읽습니다**<br>読みます | **읽습니까?**<br>読みますか？ | **읽습니다만**<br>読みますが |

接続の形 語幹末にパッチムがない：語幹＋**ㅂ니다**
　　　　　　　　　　　　　　　語幹＋**ㅂ니까?**
　　　　　　　　　　　　　　　語幹＋**ㅂ니다만**

| 基本形 | - ㅂ니다 | - ㅂ니까? | - ㅂ니다만 |
| :--- | :--- | :--- | :--- |
| **가다**<br>行く | **갑니다**<br>行きます | **갑니까?**<br>行きますか？ | **갑니다만**<br>行きますが |
| **오다**<br>来る | **옵니다**<br>来ます | **옵니까?**<br>来ますか？ | **옵니다만**<br>来ますが |
| **공부하다**<br>勉強する | **공부합니다**<br>勉強します | **공부합니까?**<br>勉強しますか？ | **공부합니다만**<br>勉強しますが |

※ 3.-(스)ㅂ니다、4.-(스)ㅂ니까?はあらたまった場面で用いられる語尾。この
　形の語尾を用いた表現を「**합니다**体」と言います。

## 6. -(으)ㄹ까요?

〜しましょうか？（誘いや相手の意向の確認）

**接続の形** 語幹末にパッチムがある：語幹＋**을까요(?)**

語幹末にパッチムがない：語幹＋**ㄹ까요(?)**

**무엇을 먹을까요?** 何を食べましょうか？

**어디서 만날까요?** どこで会いましょうか？

## 7. -(으)세요(?)

①〜なさいます（か？）、〜でいらっしゃいます（か？）

②（お／ご）〜ください、〜してください

**接続の形** 語幹末にパッチムがある：語幹＋**으세요(?)**

語幹末にパッチムがない：語幹＋**세요(?)**

**여기에 앉으세요.** ここに座ってください。

**어디에 가세요?** どちらに行かれますか？

## 8. -아/어/여요(?)

①〜ます／です（か？）

②〜しています（か？）

## 9. -았/었/였-

①〜した、〜だった（過去形）

②〜している（結果・状態の維持）

**接続の形** 語幹末の母音が ㅏ、ㅗ、ㅑ（陽母音）：語幹＋**아요**

語幹＋**았-**

| 基本形 | - 아요 | - 았 - |
|---|---|---|
| **가다**<br>行く | **가요**<br>行きます | **갔어요**<br>行きました |
| **보다**<br>見る | **보아요→봐요**<br>見ます | **보았어요→봤어요**<br>見ました |

| 좋다<br>良い | 좋아요<br>良いです | 좋았어요<br>良かったです |

**接続の形** 語幹末の母音が ト、ㅗ、ㅑ 以外（陰母音）：語幹＋어요

語幹＋었 -

| 基本形 | - 어요 | - 었 - |
|---|---|---|
| 마시다<br>飲む | 마시어요→마셔요<br>飲みます | 마시었어요→ 마셨어요<br>飲みました |
| 배우다<br>学ぶ | 배우어요→배워요<br>学びます | 배우었어요→배웠어요<br>学びました |
| 먹다<br>食べる | 먹어요<br>食べます | 먹었어요<br>食べました |
| 읽다<br>読む | 읽어요<br>読みます | 읽었어요<br>読みました |

**接続の形** -하다が付く用言：-하＋여요 → -해요

-하＋였 → -했 -

| 基本形 | - 해요 | - 했 - |
|---|---|---|
| 공부하다<br>勉強する | 공부하여요→공부해요<br>勉強します | 공부하였어요→공부했어요<br>勉強しました |
| 일하다<br>働く | 일하여요→일해요<br>働きます | 일하였어요→일했어요<br>働きました |

※8.-아/어/여요(?)は日常的な会話で用いられる語尾。この語尾を用いた表現を「해요体」と言います。

| 10. ~입니다 | ~です |
|---|---|

| 11. ~입니까? | ~ですか? |
|---|---|

| 12. ~이에요(?)/예요(?) | ~です(か?) |
|---|---|

**接続の形** 単語末にパッチムがある体言：体言＋**입니다**

体言＋**입니까?**

体言＋**이에요(?)**

| 体言 | ~입니다 | ~입니까? | ~이에요(?) |
|---|---|---|---|
| **학생** 学生 | **학생입니다**<br>学生です | **학생입니까?**<br>学生ですか? | **학생이에요(?)**<br>学生です(か?) |
| **선생님** 先生 | **선생님입니다**<br>先生です | **선생님입니까?**<br>先生ですか? | **선생님이에요(?)**<br>先生です(か?) |

**接続の形** 単語末にパッチムがない体言：体言＋**입니다**

体言＋**입니까?**

体言＋**예요(?)**

| 体言 | ~입니다 | ~입니까? | ~예요(?) |
|---|---|---|---|
| **사과**<br>リンゴ | **사과입니다**<br>リンゴです | **사과입니까?**<br>リンゴですか? | **사과예요(?)**<br>リンゴです(か?) |
| **친구**<br>友達 | **친구입니다**<br>友達です | **친구입니까?**<br>友達ですか? | **친구예요(?)**<br>友達です(か?) |

## 5級必修項目 ⑥ 表現

用言の語幹や体言に付いて、「〜したい」「〜ではない」「〜のように」など意味を表す表現です。

| 1. ~이/가 아니다 | 〜ではない |
|---|---|

**接続の形** 単語末にパッチムがある体言：**~이 아니다**
単語末にパッチムがない体言：**~가 아니다**

**저는 학생이 아닙니다.** 私は学生ではありません。
**저 가게가 아닙니다.** あの店ではありません。

| 2. ~고 가다/오다 | 〜していく／〜してくる（前の動作を終えてから「いく／くる」の動作に移ることを表す） |
|---|---|
| 3. ~고 싶다 | 〜したい |

**接続の形** 用言の語幹に直接付く

**식사를 하고 갑니다.** 食事をしていきます。
**내일은 책을 가지고 오세요.** 明日は本を持ってきてください。
**가방을 사고 싶어요.** かばんを買いたいです。
**비빔밥을 먹고 싶어요.** ビビンバを食べたいです。

| 4. ~(으)로 하다 | 〜にする、〜に決める |
|---|---|

**接続の形** 語幹末にパッチムがある体言：**~으로 하다**
語幹末にパッチムがない体言／ㄹ語幹：**~로 하다**

**생일 선물은 이 가방으로 하겠습니다.**
誕生日プレゼントはこのかばんにします。


| 5. ~(이)라고 하다 | ~と言う、と申す |
| --- | --- |

(接続の形) 語幹末にパッチムがある体言＋**이라고 하다**
語幹末にパッチムがない体言＋**라고 하다**


**저는 이유미라고 합니다.** 私はイ・ユミと申します。


| 6. 안 | ~しない、~ではない<br>否定の表現。 |
| --- | --- |

(接続の形) **안**＋ 用言


**오늘은 도서관에 안 가요.** 今日は図書館に行きません。
**이것은 안 비싸요.** これは高くありません。


| 7. ~과/와 같다 | ①~と同じだ　②~のようだ、~みたいだ |
| --- | --- |
| 8. ~과/와 같이 | ①~と共に、~と一緒に<br>②~と同じく、~と同じように、~(の)通りに |

(接続の形) 単語末にパッチムがある体言：**~과 같다/~과 같이**
単語末にパッチムがない体言：**~와 같다/~와 같이**


**오늘은 날씨가 겨울과 같습니다.** 今日は天気が冬のようです。
**제 언니는 어머니와 같아요.** 私の姉は母みたいです。
**이것과 같이 써 주세요.** これと同じように書いてください。
**친구와 같이 영화를 봤습니다.** 友達と一緒に映画を見ました。

## 5級必修項目 ⑦ 用言の不規則活用 <sub>学習日</sub>( / )

　用言に語尾が付く際、不規則的な活用をするものがあります。5級の出題範囲で扱われる不規則活用は、以下の通りです。

| ㄹ語幹 (ㄹ活用) | 語幹がㄹで終わる用言にㄴ、ㅂ、ㅅで始まる語尾が続くと語幹末のパッチムㄹが脱落する。ㄹ語幹の用言には으が付かず、-ㄹ까요などの語尾が続いてㄹパッチムが重なる場合はㄹを一つ落とす。<br><br>［ㄹが脱落］　［으は付かない］<br>**알다+세요?** ➡ **아+세요** ➡ **아세요** ご存じですか？<br>**살다+ㄹ까요?** ➡ **살까요?** 住みますか？<br>［ㄹパッチムが重なる］　［ㄹを一つ落とす］ |
|---|---|
| 으語幹 (으活用) | 語幹末が母音ㅡで終わる用言は、아/어で始まる語尾の前でㅡが脱落し、ㅡの前にある母音が陽母音（ㅏ、ㅗ、ㅑ）の場合はㅏが、陰母音（ㅏ、ㅗ、ㅑ以外）の場合はㅓが付く。語幹が1文字の場合（ㅡの前に母音がない場合）は、ㅡが脱落してㅓが付く。<br><br>［ㅡの前の母音が陽母音］　［ㅡが落ちてㅏが付く］<br>**바쁘다+았/었어요** ➡ **바빴어요** 忙しかったです<br>**크다+아/어요** ➡ **커요** 大きいです<br>［語幹が1文字］　［ㅡが落ちてㅓが付く］ |
| 하다語幹 (하다活用) | 하다が付く用言は、아/어で始まる語尾が続くと、하→하여となり、하여が縮約して해になる。<br><br>［하여になる］<br>**운동하다+아/어요** ➡ **운동하여요** ➡ **운동해요** 運動します<br>　　　　　　　　　　　　　　　　　［해になる］ |

※P156～の用言活用一覧表でそれぞれの活用を確かめてください。

単語同士の組み合わせにより特定の意味を持って用いられる表現です。

| キーワード ✓CHECK 1 2 | 連語 | 意味 |
|---|---|---|
| □□ 감기 | 감기가 들다 | 風邪をひく |
| | 감기에 걸리다 | 風邪をひく（風邪にかかる） |
| □□ 값 | 값이 비싸다 | 値が高い |
| | 값이 오르다 | 値が上がる |
| □□ 구두 | 구두를 신다 | 靴を履く |
| □□ 글 | 글을 쓰다 | 文を書く |
| □□ 기분 | 기분이 나쁘다 | 気分が悪い、機嫌が悪い |
| □□ 눈 | 눈이 내리다 | 雪が降る |
| | 눈이 오다 | 雪が降る |
| □□ 돈 | 돈을 쓰다 | お金を使う |
| | 돈을 찾다 | お金を下ろす |
| □□ 맛 | 맛을 보다 | 味見をする |
| □□ 문 | 문을 닫다 | ドアを閉める、閉店する |
| | 문을 열다 | ドアを開ける、開店する |

| | | |
|---|---|---|
| □□ 바지 | **바지를 입다** | ズボンをはく |
| □□ 밥 | **밥을 짓다** | ご飯を炊く |
| | **밥을 하다** | ご飯を炊く |
| □□ 배 | **배가 고프다** | おなかがすく |
| □□ 병 | **병에 걸리다** | 病気にかかる |
| | **병이 나다** | 病気になる |
| □□ 비 | **비가 내리다** | 雨が降る |
| | **비가 오다** | 雨が降る |
| □□ 비행기 | **비행기를 타다** | 飛行機に乗る |
| □□ 사진 | **사진을 찍다** | 写真を撮る |
| □□ 생각 | **생각을 하다** | 考える、思う |
| □□ 시험 | **시험을 보다** | 試験を受ける |
| □□ 아이 | **아이를 가지다** | 妊娠する |
| □□ 안경 | **안경을 벗다** | 眼鏡を外す |
| | **안경을 쓰다** | 眼鏡を掛ける |
| □□ 양말 | **양말을 신다** | 靴下をはく |
| □□ 여행 | **여행을 가다** | 旅行に行く |
| □□ 우산 | **우산을 쓰다** | 傘を差す |

| | | | |
|---|---|---|---|
| □□ 음식 | 음식을 만들다 | 料理を作る |
| | 음식을 하다 | 料理をする |
| □□ 이름 | 이름을 짓다 | 名前を付ける |
| | 이름이 나다 | 有名になる |
| □□ 일 | 일을 보다 | 用事を済ます |
| □□ 전철 | 전철을 타다 | 電車に乗る |
| □□ 전화 | 전화가 오다 | 電話が来る |
| | 전화를 받다 | 電話を取る |
| | 전화를 하다 | 電話をする |
| □□ 집 | 집을 찾다 | 家を訪ねる |
| □□ 차 | 차를 세우다 | 車を止める |
| | 차를 타다 | 車に乗る |
| □□ 키 | 키가 작다 | 背が低い |
| | 키가 크다 | 背が高い |

| あいさつ・あいづちの言葉　✓CHECK 1 2 | 意味 |
|---|---|
| □□ 감사합니다 | ありがとうございます／ありがとうございました |
| □□ 고맙습니다 / 고마워요 | ありがとうございます／ありがとうございました |
| □□ 괜찮습니다 / 괜찮아요 | 大丈夫です／構いません／結構です |
| □□ 그렇습니까? / 그래요? | そうですか？ |
| □□ 그렇습니다 / 그래요 | そうです |
| □□ 또 만납시다 / 만나요 | また会いましょう（親しい人に対して） |
| □□ 또 봐요 | また会いましょう（親しい人に対して） |
| □□ 또 뵙겠습니다 | またお目にかかります／またお目にかかりましょう |
| □□ 만나서 반갑습니다 | お会いできてうれしいです |
| □□ 맞습니다 / 맞아요 | そうです／その通りです |
| □□ 모르겠습니다 / 모르겠어요 | 知りません／分かりません |
| □□ 미안합니다 / 미안해요 | すみません |
| □□ 반갑습니다 / 반가워요 | （お会いできて）うれしいです |
| □□ 실례합니다 | 失礼します |
| □□ 아뇨 / 아니요 | いいえ |
| □□ 안녕하십니까? / 안녕하세요? | お元気でいらっしゃいますか？／おはようございます／こんにちは／こんばんは |

| | |
|---|---|
| □□ **안녕히 가십시오 / 가세요** | さようなら(去る人に) |
| □□ **안녕히 계십시오 / 계세요** | さようなら(その場にとどまる人に) |
| □□ **알겠습니다 / 알겠어요** | 分かりました／承知しました |
| □□ **알았습니다 / 알았어요** | 分かりました |
| □□ **어서 오십시오 / 어서 오세요** | いらっしゃいませ |
| □□ **여기요 / 저기요** | (人に呼び掛けるとき)すみません |
| □□ **여보세요** | もしもし |
| □□ **오래간만입니다 /**<br>**오래간만이에요** | お久しぶりです |
| □□ **잘 부탁드리겠습니다 /**<br>**잘 부탁드리겠어요** | よろしくお願いいたします |
| □□ **잘 부탁합니다 / 잘 부탁해요** | よろしくお願いします |
| □□ **잠깐만요** | 少々お待ちください |
| □□ **죄송합니다 / 죄송해요** | 申し訳ありません |
| □□ **처음 뵙겠습니다** | 初めまして |
| □□ **천만에요** | とんでもないです |
| □□ **축하합니다 / 축하해요** | おめでとうございます |

# STEP
# 3

## 項目別に練習!
# 合格徹底ドリル

合格徹底ドリル 聞き取り①
# イラスト問題

この問題に効く！ イラスト問題

（解答は P.82）

◎ **13**　　　　　　　　　　　　　　　　　　　　（解答時間 30 秒）

■ 文章と質問文を 2 回読みます。【質問】に対する答えとして適切な絵を 1 つ選んでください。

◎ **14**

□ □

【質問】

合格徹底ドリル 聞き取り②

# 数 詞

この問題に効く！ **数詞聞き取り問題**

必修項目で確認！➡ P.36〜 **数詞**

（解答は P.82〜）

（解答は P.82〜）

◎15 （解答時間 20 秒）

■ 短い文を 2 回読みます。(　　　)の中に入れるのに適切なものを 1 つ選んでください。

◎16

□□1. 이 가방은 (　　　　　　)입니다.

①3,000원　②30,000원　③4,000원　④40,000원

◎17

□□2. 앞에서 (　　　　　　)예요.

①6번째　　②7번째　　③8번째　　④9번째

◎18

□□3. 올해 (　　　　　　)입니다.

①13살　　②14살　　③15살　　④16살

◎19

□□4. 개가 (　　　　　　) 있어요.

①1마리　　②2마리　　③3마리　　④4마리

# 応答文①

この問題に効く！ 応答・内容理解問題

（解答は P.83 ～）

**◎ 20** （解答時間 40 秒）

■ 短い文を2回読みます。応答文として最も適切なものを1つ選んでください。

**◎ 21**

□□ 1. _____

①삼십 분 걸려요.      ②두 개 있어요.
③하나만 주세요.      ④다섯 명이요.

**◎ 22**

□□ 2. _____

①네, 아주 맛있어요.      ②안 좋아해요.
③냉면이요.      ④요리를 하고 싶어요.

**◎ 23**

□□ 3. _____

①6만 원이에요.      ②아침 6시에 일어나요.
③아홉 시에 시작돼요.      ④일이 바빠요.

□□ 4. _____

①축구를 좋아해요.　　②도서관에 가요.

③친구하고 놀았어요.　　④아뇨, 세 번째예요.

□□ 5. _____

①내일 가요.　　②지하철로 왔어요.

③네, 너무 덥습니다.　　④감기에 걸렸어요.

□□ 6. _____

①모릅니다.　　②축하해요.

③고맙습니다.　　④저 분이에요.

STEP

**3**

合格徹底ドリル

聞き取り

合格徹底ドリル 聞き取り④
# 応答文②

この問題に効く！ 応答・内容理解問題

（解答は P.85 ～）

**◎27** （解答時間 45 秒）

■ 1.対話文を2回読みます。対話の内容と一致するものを1つ選んでください。

**◎28**

□□ 1．男：＿＿＿＿＿＿＿＿＿＿＿＿＿＿＿＿＿＿＿＿＿＿＿

女：＿＿＿＿＿＿＿＿＿＿＿＿＿＿＿＿＿＿＿＿＿＿＿

①お母さんは銀行に行きました。

②お母さんは市場に行きました。

③お母さんは郵便局に行きました。

④お母さんは食堂に行きました。

**◎29**

□□ 2．男：＿＿＿＿＿＿＿＿＿＿＿＿＿＿＿＿＿＿＿＿＿＿＿

女：＿＿＿＿＿＿＿＿＿＿＿＿＿＿＿＿＿＿＿＿＿＿＿

①駅まで40分歩きます。

②家まで40分かかります。

③家まで30分歩きます。

④駅まで30分かかります。

□□ 3. 男:_____

女:_____

①男性は水曜日に学校に行きます。

②男性は木曜日に学校に行きました。

③女性は水曜日に学校に行きました。

④女性は木曜日に学校に行きます。

STEP
3
合格徹底ドリル 聞き取り

◎ 31

（解答時間 45 秒）

■ 2. ①～④の選択肢を2回ずつ読みます。示された問いかけに対する応答として最も適切なものを1つ選んでください。

◎ 32

□□ 1. 女:아버지는 무슨 일을 하세요?

男:(　　　　　　　　　　　　).

①_____　②_____

③_____　④_____

◎ 33

□□ 2. 男:이거 어디서 팔아요?

女:(　　　　　　　　　　　　).

①_____　②_____

③_____　④_____

合格徹底ドリル 聞き取り⑤
# 対話文

この問題に効く！ 応答・内容理解問題

（解答は P.86 ～）

◎ **34** （解答時間 45 秒）

■ 対話文と質問文をセットにして読みます。【質問1】と【質問2】に対する
　 答えとして適切なものを1つ選んでください。

◎ **35-36**

□□ 1.　男：＿＿＿＿＿＿＿＿＿＿＿＿＿＿＿＿＿＿＿＿＿＿＿＿＿＿

　　　　 女：＿＿＿＿＿＿＿＿＿＿＿＿＿＿＿＿＿＿＿＿＿＿＿＿＿＿

　　　　 男：＿＿＿＿＿＿＿＿＿＿＿＿＿＿＿＿＿＿＿＿＿＿＿＿＿＿

　　　　 女：＿＿＿＿＿＿＿＿＿＿＿＿＿＿＿＿＿＿＿＿＿＿＿＿＿＿

　　　　 男：＿＿＿＿＿＿＿＿＿＿＿＿＿＿＿＿＿＿＿＿＿＿＿＿＿＿

　　　　 女：＿＿＿＿＿＿＿＿＿＿＿＿＿＿＿＿＿＿＿＿＿＿＿＿＿＿

　　　　【質問1】＿＿＿＿＿＿＿＿＿＿＿＿＿＿＿＿＿＿＿＿＿＿＿＿

　　　　①1個　②2個　③1,000원　④2,000원

　　　　【質問2】＿＿＿＿＿＿＿＿＿＿＿＿＿＿＿＿＿＿＿＿＿＿＿＿

　　　　①1,000원　②1,800원　③2,600원　④2,800원

⊚ **37-38**

□ □ 2. 男： _____

女： _____

男： _____

女： _____

男： _____

女： _____

【質問1】 _____

①볼펜, 시계, 교과서　②볼펜, 시계
③시계, 교과서　④교과서, 가방

【質問2】 _____

①책상 위　②책상 밑　③가방 안　④가방 밑

■ 発音どおり表記したものを１つ選びましょう。

□□ 1. 가깝습니다
　　①[가깝습니다]　　②[가깝씀니다]
　　③[가까습니다]　　④[가깜씀니다]

□□ 2. 결혼해요
　　①[겨론내요]　　②[결호해요]
　　③[결로내요]　　④[겨로내요]

□□ 3. 금요일
　　①[그묘일]　②[금묘일]　③[그폴일]　④[그뽕일]

□□ 4. 꽃을
　　①[꼬슬]　　②[꼬츨]　　③[꼬들]　　④[꼬틀]

□□ 5. 넣어요
　　①[너허요]　②[넝어요]　③[너어요]　④[넌어요]

□□ 6. 다섯 시
①[다서씨]　②[다섬씨]　③[다섣씨]　④[다선씨]

□□ 7. 십일월
①[시빌뤌]　②[시비월]　③[십비월]　④[시비뤌]

□□ 8. 식당
①[싱땅]　　②[신당]　　③[식땅]　　④[식탕]

□□ 9. 옆입니다
①[여핌니다]　　②[여빔니다]
③[여뼴니다]　　④[염밈니다]

□□ 10. 읽었어요
①[익거써요]　　②[일거서요]
③[일거써요]　　④[잉걷써요]

□□ 11. 없습니다
①[어씀니다]　　②[업씀니다]
③[엄씀니다]　　④[업슴니다]

□□ 12. 책상
①[챈상]　　②[채쌍]　　③[책쌍]　　④[챈쌍]

■ 日本語の意味を正しく表記したものを1つ選びましょう。

□□1.　冬
①거울　　　②가을　　　③겨을　　　④겨울

□□2.　ゆっくり
①전전히　　②천천이　　③천전히　　④천천히

□□3.　郵便局
①우제국　　②우체극　　③우체국　　④우제극

□□4.　教科書
①교과서　　②교가서　　③교꽈서　　④겨과서

□□5.　トイレ
①하장실　　②화잔실　　③화장실　　④하잠실

□□6.　映画
①용화　　　②영하　　　③연화　　　④영화

□ □ 7.　地下鉄
　　　　①치하절　　　②지하철　　　③지하절　　　④치하철

□ □ 8.　天気
　　　　①날시　　　　②날씨　　　　③널씨　　　　④널시

□ □ 9.　先生
　　　　①섬샌님　　　②성샌님　　　③선생님　　　④선샌님

□ □ 10.　息子
　　　　①아들　　　　②아둘　　　　③아덜　　　　④어들

□ □ 11.　胸
　　　　①가숨　　　　②가슴　　　　③가승　　　　④가씀

□ □ 12.　土曜日
　　　　①토요일　　　②도요일　　　③토여일　　　④도여일

# 語彙①

この問題に効く！ 語彙・文法問題

必修項目で確認！➡ P.36〜 数詞
語彙リストで確認！➡ P.140〜

（解答は P.90〜）

■ 次の日本語に当たるものを１つ選びましょう。

□□ 1. すぐ
　　①곧　　　②같이　　③또　　　④더

□□ 2. 先に
　　①모두　　②많이　　③메일　　④먼저

□□ 3. 下
　　①밑　　　②밖　　　③위　　　④뒤

□□ 4. 砂糖
　　①생일　　②선물　　③시장　　④설탕

□□ 5. 履物
　　①식당　　②신발　　③식사　　④신문

□□ 6. おじさん
　　①아저씨　②아버지　③어머니　④아주머니

□□7.　中

　　①앞　　　②옆　　　③안　　　④열

□□8.　腰

　　①다리　　②머리　　③허리　　④아래

---

■ すべてハングルで書いてみましょう。

□□9.　4階

　　(　　　　　　　　)

□□10.　5人

　　(　　　　　　　　)

□□11.　1万ウォン

　　(　　　　　　　　)

□□12.　7時35分

　　(　　　　　　　　)

□□13.　3冊

　　(　　　　　　　　)

□□14.　9番目

　　(　　　　　　　　)

□□15.　20歳

　　(　　　　　　　　)

□□16.　6月11日

　　(　　　　　　　　)

□□17.　4匹

　　(　　　　　　　　)

□□18.　16枚

　　(　　　　　　　　)

□□19.　2個

　　(　　　　　　　　)

□□20.　8度(回数)

　　(　　　　　　　　)

合格徹底ドリル 筆記④

# 語彙②

この問題に効く！ 語彙・文法問題

必修項目で確認！➡ P.31～ 助詞
　　　　　　　➡ P.34～ 疑問詞

（解答は P.92 ～）

■ 日本語文の意味に合わせて（　　）にふさわしい韓国語を入れましょう。

□□1. どこでバスに乗られますか？
　　　어디서 버스(　　　　　　　) 타세요?

□□2. 私は電車で学校に行きます。
　　　저는 전철(　　　　　　　) 학교에 가요.

□□3. どんな果物が好きですか？
　　　무슨 과일(　　　　　　　) 좋아해요?

□□4. 私は息子と娘がいます。
　　　저는 아들(　　　　　　　) 딸이 있어요.

□□5. どこで友達に会いますか？
　　　어디서 친구(　　　　　　　) 만나요?

□□6. 友達に電話をします。
　　　친구(　　　　　　　) 전화를 합니다.

□□ 7. 午前9時から授業が始まります。

　　　오전 아홉 시( 　　　　　　　 ) 수업이 시작돼요.


□□ 8. 誰が一番早く来ましたか？

　　　( 　　　　　　　 ) 제일 먼저 왔어요?


□□ 9. 銀行は何時に閉店しますか？

　　　은행은 ( 　　　　　　　 ) 시에 문을 닫아요?


□□ 10. あの人は誰ですか？

　　　저 사람은 ( 　　　　　　 )예요?


□□ 11. 誕生日はいつですか？

　　　생일이 ( 　　　　　　 )예요?


□□ 12. 何を飲みますか？

　　　( 　　　　　　 )을 마셔요?


□□ 13. 靴下がどこにありますか？

　　　양말이 ( 　　　　　 )에 있어요?


□□ 14. このリンゴ、いくらですか？

　　　이 사과 ( 　　　　　 )예요?


□□ 15. どの駅で降りますか？

　　　( 　　　　　　 ) 역에서 내려요?

# 文法①

（解答は P.93〜）

---

■（　　　　　）に入れるのに適切なものを１つ選びましょう。

□□1. 선생님에게 편지를 （　　　　　　　）.
①썹니다　　②썼습니다　③쓰읍니다　④씁습니다

□□2. 지하철에서 （　　　　　　　）.
①내려요　　②내리요　　③낼려요　　④내렵니다

□□3. 어머니가 감기에 （　　　　　　　）.
①걸렀어요　②걸랐어요　③거렸어요　④걸렸어요

□□4. 딸이 어머니보다 키가 （　　　　　　　）.
①크요　　　②켜요　　　③커요　　　④카요

□□5. 학교 앞에서 （　　　　　　　）?
①만나르까요　②만날까요　③만나을까요　④만나를까요

□□6. 여기에 （　　　　　　　）.
①놓으세요　②놓세요　③놓아세요　④놓어세요

□□7. 지금 누구하고 (　　　　　　　)?
　　　①살니까　　②살읍니까　③삽니까　　④살습니까

□□8. 치마가 너무 (　　　　　　　).
　　　①짧어요　　②짧읍니다　③짧으습니다　④짧아요

□□9. 숙제가 아주 (　　　　　　　).
　　　①어렵니다　　　　②어려습니다
　　　③어렵습니다　　　④어려으습니다

□□10. 가게에 손님이 (　　　　　　　).
　　　①마나요　　②많아요　③만하요　④많해요

□□11. 생일에 무엇을 (　　　　　　　)?
　　　①받압니까　　　　②받었습니까
　　　③받읍니까　　　　④받았습니까

□□12. 여동생은 노래를 (　　　　　　　).
　　　①잘해요　　②잘하요　③자래요　④잘래요

■ (　　　　　)の単語をふさわしい形にして文章を完成させましょう。

□ □ 13. 土曜日は友達と家で遊びます。＜합니다体＞
토요일은 친구하고 집에서 (　　놀다　　).

□ □ 14. 朝は牛乳を飲みます。＜해요体＞
아침에는 우유를 (　　마시다　　).

□ □ 15. ジュース一つ下さい。
주스 하나 (　　주다　　).

□ □ 16. ドアを開けました。＜해요体＞
문을 (　　열다　　).

□ □ 17. 銀行でお金を下ろしました。＜합니다体＞
은행에서 돈을 (　　찾다　　).

□ □ 18. 私は弟に本をあげました。＜해요体＞
저는 남동생에게 책을 (　　주다　　).

□ □ 19. 家から会社まで近いですか？＜합니다体＞
집에서 회사까지 (　　가깝다　　)?

□ □ 20. 眼鏡を外しました。＜해요体＞
안경을 (　　벗다　　).

# 文法②

この問題に効く！ **語彙・文法問題**

必修項目で確認！➡ P.38〜 語尾
➡ P.45 用言の不規則活用
➡ P.46〜 連語

（解答は P.95 〜）

---

■ 日本語文の意味に合わせて（　　　）にふさわしい韓国語を入れましょう。

□ □ 1.　風邪をひきました。

（　　　　　　　　）에 걸렸어요.

□ □ 2.　靴を履きます。

（　　　　　　　　）을/를 신어요.

□ □ 3.　気分が悪いです。

（　　　　　　　　）이 나빠요.

□ □ 4.　眼鏡を掛けてください。

（　　　　　　　　）을 쓰세요.

□ □ 5.　雪が降ります。

（　　　　　　　　）이 내려요.

□ □ 6.　旅行に行きます。

（　　　　　　　　）을 가요.

□ □ 7. お金を下ろしてください。

（　　　　　　　　）을 찾으세요.


□ □ 8. おなかがすいています。

（　　　　　　　　）가 고파요.


□ □ 9. 写真を撮りました。

（　　　　　　　　）을 찍었어요.


□ □ 10. 試験を受けます。

（　　　　　　　　）을 봐요.


□ □ 11. ドアを閉めてください。

（　　　　　　　　）을 닫으세요.


□ □ 12. 薬を飲みました。

（　　　　　　　　）을 먹었습니다.

■ 日本語文の意味に合わせて（　　）にふさわしい韓国語を入れましょう。

（합니다体／해요体）

□□ 13. 病気になりました。

병이 (　　　　　　　／　　　　　　　).

□□ 14. お金を使います。

돈을 (　　　　　　　／　　　　　　　).

□□ 15. ズボンをはきます。

바지를 (　　　　　　　／　　　　　　　).

□□ 16. 電話を取ります。

전화를 (　　　　　　　／　　　　　　　).

□□ 17. 用事を済ませました。

일을 (　　　　　　　／　　　　　　　).

□□ 18. 考えます。

생각을 (　　　　　　　／　　　　　　　).

□□ 19. 家を訪ねます。

집을 (　　　　　　　／　　　　　　　).

□□ 20. 眼鏡を外しました。

안경을 (　　　　　　　／　　　　　　　).

# 置き換え表現

この問題に効く！ **語彙・文法問題**

（解答は P.97）

---

■ 文の意味を変えずに下線部の単語と置き換えが可能なものを1つ選び
ましょう。

---

□□1.　이분은 우리 <u>아버지의 어머니</u>예요.
　　　①어머니　　　　　②누나
　　　③할아버지　　　　④할머니

□□2.　<u>토요일하고 일요일</u>에는 회사에 안 가요.
　　　①주말　　　　　　②어제
　　　③지난주　　　　　④작년

□□3.　저는 <u>고등학교에서 영어를 가르쳐요</u>.
　　　①회사원이에요　　②친구예요
　　　③선생님이에요　　④고등학생이에요

□□4.　<u>아침</u>에 친구하고 운동을 했어요.
　　　①저녁　　　　　　②낮
　　　③오후　　　　　　④오전

□□5. 저는 아침에 밥을 안 먹어요.
　　①빵을 먹어요　　②식사를 안 해요
　　③일을 해요　　④배가 고파요


□□6. 월요일부터 금요일까지 회사에 가요.
　　①요리해요　　②운동해요
　　③일해요　　④만나요


□□7. 학교 수업은 오후 네 시까지예요.
　　①네 시에 시작돼요　　②네 시에 끝나요
　　③네 시에 가요　　④네 시에 공부해요


□□8. 이번 시험은 안 어렵습니다.
　　①춥습니다　　②덥습니다
　　③쉽습니다　　④재미있습니다

合格徹底ドリル 筆記⑧
# あいさつ表現

この問題に効く！ 語彙・文法問題

必修項目で確認！ ➡ P.49〜 あいさつ・あいづち

（解答は P.98）

■ 次の場面や状況において最も適切なあいさつの言葉を１つ選びましょう。

□□ 1.　贈り物をもらったとき。
　　①괜찮아요.　　　　　②안녕히 가세요.
　　③감사합니다.　　　　④알겠습니다.

□□ 2.　電話を取るとき。
　　①여보세요.　　　　　②어서 오세요.
　　③또 봐요.　　　　　④그래요.

□□ 3.　久しぶりに知人に会ったとき。
　　①처음 뵙겠습니다.　②오래간만입니다.
　　③고맙습니다.　　　　④잘 부탁합니다.

□□ 4.　友人から人を紹介されたとき。
　　①네, 그렇습니다.　　②만나서 반갑습니다.
　　③실례합니다.　　　　④잠깐만요.

□□ 5.　約束時間に遅れたとき。

①죄송해요.　　　　　　②천만에요.

③반갑습니다.　　　　　④모르겠습니다.

□□ 6.　家に遊びに来た友人が帰るとき。

①안녕히 계세요.　　　②어서 오세요.

③잘 부탁해요.　　　　④안녕히 가세요.

□□ 7.　相手の話に同意するとき。

①잠깐만요.　　　　　　②천만에요.

③맞아요.　　　　　　　④실례합니다.

□□ 8.　親しい人と別れるとき。

①또 봐요.　　　　　　②안녕하세요?

③반갑습니다.　　　　④괜찮습니다.

□□ 9.　店で店員に呼び掛けるとき。

①아니요.　　　　　　②그래요.

③맞아요.　　　　　　④저기요.

□□ 10.　昇進した人を祝うとき。

①미안합니다.　　　　②축하해요.

③실례하겠습니다.　　④고맙습니다.

# 対話文

この問題に効く！ **語彙・文法問題**

（解答は P.99 〜）

---

■ 対話文を完成させるのに最も適切なものを①〜④の中から1つ選びましょう。

---

□□1.　A：같이 식사하고 갈까요?

　　　　B：(　　　　　　　　　　　　).

　　　　①저녁 일곱 시에 문을 닫아요

　　　　②미안해요. 배가 안 고파요

　　　　③아뇨, 아주 싸요

　　　　④신주쿠에 살아요

□□2.　A：시험이 몇 시에 시작돼요?

　　　　B：(　　　　　　　　　　　　).

　　　　①다섯 개 주세요　　　　②알겠습니다

　　　　③오전 열 시부터요　　　④10월 3일입니다

□□3.　A：문제가 어렵습니까?

　　　　B：(　　　　　　　　　　　　).

　　　　①아뇨, 쉽습니다　　　　②아뇨, 아주 작습니다

　　　　③네, 일이 많아요　　　　④네, 몸이 아파요

□□ 4.　A：(　　　　　　　　　　　　　)?

　　　　B：저는 차를 마시고 싶어요.

　　　　①밥을 먹었어요　　　　　　②맛있어요

　　　　③무슨 영화를 보고 싶어요　　④식사할까요

□□ 5.　A：(　　　　　　　　　　　　　)?

　　　　B：아주 가깝습니다.

　　　　①이 가방 비싸요　　　　　②집에서 회사까지 멉니까

　　　　③여동생이 키가 커요　　　④한국의 겨울은 춥습니까

□□ 6.　A：운동을 좋아해요?

　　　　B：(　　　　　　　　　　　　　).

　　　　①네, 아주 춥습니다　　　②책상 밑에 있어요

　　　　③우유를 좋아해요　　　　④아뇨, 싫어해요

合格徹底ドリル 筆記⑩
# 読 解

この問題に効く！ 読解問題

（解答は P.100 ～）

---

■ 文章を読んで、問いに答えましょう。

1.

　저는 작년에 결혼을 했습니다. 우리 남편은 회사에 다닙니다. 그리고 남자아이가 한 명 있습니다. 저는 올해부터 회사에 안 다닙니다. 이번 주에 가족과 같이 한국으로 여행을 갑니다. 한국에서 한국 요리를 많이 먹고 싶습니다. 옷과 가방도 사고 싶습니다.

□□ 1）‘남자아이’が指すものを①～④の中から選びましょう。

　　　　①여동생　　②아들　　③학생　　④아저씨

□□ 2）対話文の内容と一致するものを①～④の中から１つ選びましょう。

　　　　①私は３年前に結婚しました。
　　　　②私は会社に通っています。
　　　　③私の家族は３人家族です。
　　　　④先週韓国旅行に行ってきました。

2.

　제 취미는 축구입니다. 제 남동생도 아버지도 축구를 좋아합니다. 우리는 주말에 학교에서 축구를 합니다. 하지만 어머니는 이 운동을 안 좋아합니다. 요리를 좋아합니다. 어머니 요리는 아주 맛있습니다. 저는 어머니 요리를 아주 좋아합니다.

□□ 1 ）‘이 운동’が指すものを①〜④の中から選びましょう。

　　　①요리　　②주말　　③축구　　④남동생

□□ 2 ）文章の内容と一致するものを①〜④の中から選びましょう。

　　　①私はサッカーが好きです。
　　　②妹は料理が上手です。
　　　③母は野球が好きです。
　　　④私の家族はみんなサッカーが好きです。

## 聞取① イラスト問題　　　　　　　　　　　　　P.52

1.　②　◀ 오늘은 시월 오 일입니다. 어제 학교에서 공부를 했습니다.
　　　　　【質問】시월 사 일에 무엇을 했습니까?

> 今日は10月5日です。昨日は学校で勉強をしました。
> 【質問】10月4日に何をしましたか？

**Point**　「〜月〜日」は漢数詞に付きますが、「10月」は**십월**ではなく、**시월**と言いますので注意して聞き取れるようにしましょう。「今日」が「10月5日」なので、質問されている10月4日は、つまり昨日(**어제**)のことです。短い1文の中でポイントをきちんとメモできるように練習しましょう。

## 聞取② 数詞聞き取り　　　　　　　　　　　　　P.53

1.　②　◀ 이 가방은 삼만 원입니다.

> このかばんは30,000ウォンです。
> ①3,000ウォン　　②30,000ウォン
> ③4,000ウォン　　④40,000ウォン

**Point**　通貨単位の「〜ウォン」には漢数詞を用いるので、選択肢の読み方はそれぞれ①**삼천 원** ②**삼만 원** ③**사천 원** ④**사만 원**です。正解の30,000원は連音化により[**삼마뉀**]と発音されています。さらに〜**입니다**が続いて[**삼마뉀님니다**]となります。

2.　②　◀ 앞에서 일곱 번째예요.

> 前から7番目です。
> ①6番目　　②7番目　　③8番目　　④9番目

**Point**　「〜番目」には固有数詞を用いるので、選択肢の読み方はそれぞれ①**여섯 번째** ②**일곱 번째** ③**여덟 번째** ④**아홉 번째**です。正解の**일곱 번째**は濃音化により実際の発音は[**일곱뻔째**]となります。

3. ③ ◀ 올해 열다섯 살입니다.

> 今年で15歳です。
> ①13歳　②14歳　③15歳　④16歳

**Point** ～살(歳)には固有数詞を用いるので、選択肢の読み方はそれぞれ ①열세 살 ②열네 살 ③열다섯 살 ④열여섯 살です。正解の열다섯 살の実際の発音は[열따섣쌀]、さらに～입니다が続いて[열따섣싸림니다]となります。

4. ④ ◀ 개가 네 마리 있어요.

> 犬が4匹います。
> ①1匹　②2匹　③3匹　④4匹

**Point** 「～匹」「～頭」には固有数詞を用いるので、選択肢はそれぞれ①한 마리 ②두 마리 ③세 마리 ④네 마리と読みます。

---

| 聞取③ | **応答文①** | P.54～ |

1. ① ◀ 몇 분 걸려요?

> 何分かかりますか？
> ①30分かかります。　　②2個あります。
> ③一つだけ下さい。　　④5人です。

**Point** 몇 분だけでは「何分」「何名さま」のどちらの可能性もありますが、걸려요?(かかりますか？)で時間を聞かれていることが分かります。

---

2. ③ ◀ 무엇을 먹고 싶어요?

> 何を食べたいですか？
> ①はい、とてもおいしいです。　②好きじゃありません。
> ③冷麺です。　　　　　　　　④料理をしたいです。

**Point** -고 싶어요?(～したいですか？)という問い掛けに対して同じく-고 싶다で答えている選択肢は④ですが、「何を食べたいか」を尋ねられているので、正解は③です。

---

3. ② ◀ 몇 시에 일어나요?

> 何時に起きますか？
> ①6万ウォンです。　②朝6時に起きます。
> ③9時に始まります。　④仕事が忙しいです。

**Point** 時間を尋ねる**몇 시**(何時)に対して時間を答えている選択肢は②と③ですが、**일어나요?**(起きますか？)の部分が聞き取れれば正解が選べます。

4. ③ ◀ 어제 무엇을 했어요?

> 昨日何をしましたか？
> ①サッカーが好きです。　②図書館に行きます。
> ③友達と遊びました。　④いいえ、3度目です。

**Point** 「何をしましたか？」と過去形で聞かれているので、時制からも正解が③だと分かります。

5. ④ ◀ 왜 병원에 가요?

> なぜ病院に行くんですか？
> ①明日行きます。　②地下鉄で来ました。
> ③はい、とても暑いです。　④風邪をひきました。

**Point** 「なぜ行くか」の答えになっているのは④だけです。

6. ② ◀ 오늘이 제 생일이에요.

> 今日は私の誕生日です。
> ①分かりません。　②おめでとうございます。
> ③ありがとうございます。　④あの方です。

**Point** 「今日が誕生日」だと言っているので、誕生日を祝う表現の②がふさわしいです。

1.

1. ② ◀ 男：어머니는 은행에 갔어요?

　　　女：아뇨, 시장에 갔어요.

> 男：お母さんは銀行に行きましたか？
> 女：いいえ、市場に行きました。

**Point** 은행(銀行)、시장(市場)など場所を表す言葉をきちんと聞き取れるようにしましょう。

2. ④ ◀ 男：집에서 역까지 멉니까?

　　　女：30분 걸려요.

> 男：家から駅まで遠いですか？
> 女：30分かかります。

**Point** 「(場所)～から(場所)～まで」は、～에서～까지です。걸려요の基本形은걸리다で、時間などが「かかる」の意味です。

3. ③ ◀ 男：목요일에 학교에 갔어요?

　　　女：아뇨, 수요일에 갔어요.

> 男：木曜日に学校へ行きましたか？
> 女：いいえ、水曜日に行きました。

**Point** 過去形で尋ねて過去形で答えている対話文なので、時制にも気をつけて選択肢を選んでください。曜日を表わす単語、월요일(月曜日)、화요일(火曜日)、수요일(水曜日)、목요일(木曜日)、금요일(金曜日)、토요일(土曜日)、일요일(日曜日)もきちんと覚えましょう。

STEP
3
合格徹底ドリル

解答 聞き取り

2.

1. ③ ◀①학교에서 만나요

②여기에 앉으세요

③은행에 다니세요

④어제 왔어요

> 女:お父さんはどんな仕事をなさっていますか?
> 男:(　　　　　　　　　　)。
> ①学校で会います　　②ここに座ってください
> ③銀行に通っています　④昨日来ました

**Point** 다니다は学校や職場などに「通う」で、職場であればその職場に「勤めている」というニュアンスになります。

2. ④ ◀①아침에요

②어제 봤어요

③도서관까지 가요

④백화점이요

> 男:これ、どこで売っていますか?
> 女:(　　　　　　　　　　)。
> ①朝にです　　　　　②昨日見ました
> ③図書館まで行きます　④デパートです

**Point** 팔아요?(売っていますか?)がきちんと聞き取れれば正解を選べるでしょう。基本形は팔다です。

---

**聞取⑤** 対話文　　　　　　　　　　　　　　　　　P.58～

1.　◀男:이 귤 하나 얼마예요?

女:팔백 원이에요.

男:사과는 하나 얼마예요?

女:천 원이에요. 귤보다 이백 원 비싸요.

男:그럼, 귤 한 개하고 사과 두 개 주세요.

女:알겠습니다.

男：このミカン、一ついくらですか？
女：800ウォンです。
男：リンゴは一ついくらですか？
女：1,000ウォンです。ミカンより200ウォン高いです。
男：それでは、ミカン1個とリンゴ2個下さい。
女：かしこまりました。

【質問1】　②

◀【質問1】사과를 몇 개 샀습니까?

【質問1】リンゴを何個買いましたか？
①1個　　②2個　　③1,000ウォン　　④2,000ウォン

**Point**　〜개(個)には固有数詞、〜원(ウォン)には漢数詞を用います。質問では몇 개(何個)でリンゴの個数を尋ねていることをきちんと聞き取りましょう。

【質問2】　④

◀【質問2】모두 얼마입니까?

【質問2】全部でいくらですか？
①1,000ウォン　②1,800ウォン　③2,600ウォン　④2,800ウォン

**Point**　모두は「全部で」の意味です。귤(ミカン)を1個、사과（リンゴ）を2個買うので、800ウォン＋1,000ウォン×2個で合計は 2,800ウォンです。落ち着いて数詞をメモし、答えを導き出しましょう。

2.　◀男：책상 위에 뭐가 있어요?
　　　女：볼펜하고 시계가 있어요.
　　　男：교과서도 있어요?
　　　女：아뇨, 교과서는 가방 안에 있어요.
　　　男：가방은 어디에 있어요?
　　　女：책상 밑에 있어요.

男：机の上に何がありますか？
女：ボールペンと時計があります。
男：教科書もありますか？
女：いいえ、教科書はかばんの中にあります。
男：かばんはどこにありますか？
女：机の下にあります。

【質問1】 ②

◀【質問1】책상 위에 무엇이 있습니까?

> 【質問1】机の上に何がありますか？
> ①ボールペン、時計、教科書　②ボールペン、時計
> ③時計、教科書　　　　　　　④教科書、かばん

**Point** 物の名前と位置を示す単語が次々と出てきますので、聞き逃さないようにメモしていきましょう。

---

【質問2】 ③

◀【質問2】교과서는 어디에 있습니까?

> 【質問2】教科書はどこにありますか？
> ①机の上　②机の下　③かばんの中　④かばんの下

**Point** ボールペンと時計は机の上(**위**)、教科書はかばんの中(**안**)、かばんは机の下(**밑**)にあります。位置を表す単語もきちんと覚えましょう。

---

## 筆記① 発音　　　　　　　　　P.60～

1. ② 近いです
   **Point** パッチムㅂに初声ㅅが続いて濃音化が起こり、初声ㅅの発音はㅆ。습니다はㅂ+ㄴの部分が鼻音化し[슴니다]と発音されます。

2. ④ 結婚します
   **Point** パッチムㄹ+初声ㅎ、ㄴ+初声ㅎは、ㅎが弱音化してほとんど発音されません。ㄹ+ㅎはㄹ+ㅇ、ㄴ+ㅎはㄴ+ㅇと同じ音になり、それぞれ連音化します。

3. ① 金曜日
   **Point** パッチムㅁと次に来る母音との連音化により금요の部分が[그묘]と発音されます。

4. ② 花を
   **Point** パッチムㅊと次に来る母音으が連音化しています。

5. ③ 入れます
   **Point** パッチムㅎの後に母音が続くと、ㅎは発音されなくなります。

6. ③ 5時

   **Point** 다섯の発音は[다섣]。ㄷ音で発音するパッチムに初声ㅅが続くと、初声ㅅは濃音化によりㅆと発音されます。

7. ④ 11月
   **Point** パッチムㅂに母音が続いて連音化が起こり、さらにパッチムㄹに母音が続いて連音化しています。

8. ③ 食堂
   **Point** パッチムㄱに初声ㄷが続くと濃音化により初声ㄷはㄸと発音されます。

9. ① 横です
   **Point** パッチムㅍに母音が続いて連音化が起こり、입니다の部分では鼻音化して[임니다]と発音されます。

10. ③ 読みました
    **Point** 2文字のパッチムㄼに母音が続くと、二つのパッチムが終声ㄹ、初声ㄱとして両方発音されます。さらにパッチムㅆに母音が続いて連音化するため、正しい発音は[일거쎠

요]です。

11. ④　ないです

**Point** 2文字のパッチム ᆹ は、母音が続かない場合 ㅂ と発音します。ㅂ音で発音するパッチムに初声 ㅅ が続くと、初声 ㅅ は濃音化により ㅆ と発音されます。また、**습니다** は ㅂ +

ㄴの部分が鼻音化し [**슴니다**] と発音されます。

12. ③　机

**Point** パッチム ㄱ に初声 ㅅ が続くと濃音化により初声 ㅅ は ㅆ と発音されます。

**筆記②　文字**　　　　　　　　　　　P.62 〜

1.　④

2.　④

3.　③

4.　①

5.　③

6.　④

7.　②

8.　②

9.　③

10.　①

11.　②

12.　①

**筆記③　語彙①**　　　　　　　　　　P.64 〜

1.　①
　　①すぐ　②一緒に
　　③また　④もっと

2.　④
　　①みんな　②たくさん

③メール　④先に、まず

3.　①
　　①下、底　②外　③上　④後ろ

4.　④

①誕生日　②プレゼント
③市場　④砂糖

5. ②
①食堂　②履物、靴
③食事　④新聞

6. ①
①おじさん　　②お父さん、父
③お母さん、母　④おばさん

7. ③
①前　②横、そば、隣
③中　④10

8. ③
①脚　②頭　③腰　④下、下部

9. **사 층**
**Point** 〜**층**(階)は漢数詞に用いられます。

10. **다섯 명**
**Point** 〜**명**(人、名)は固有数詞に用いられます。

11. **만 원**
**Point** 〜**원**(ウォン)は漢数詞に用いられますが、「一万ウォン」は**일만 원**ではなく**만 원**と言います。頭に일を付けないように注意しましょう。

12. **일곱 시 삼십오 분**
**Point** 〜**시**(時)は固有数詞に、〜**분**(分)は漢数詞に用いられます。

13. **세 권**
**Point** 〜**권**(冊)は固有数詞に用いられます。漢数詞と共に用いた場合は、「〜巻」の意味になります(例:**삼 권**＝3巻)。

14. **아홉 번째**
**Point** 〜**번째**(番目)は固有数詞に用いられます。

15. **스무 살**
**Point** 〜**살**(歳)は固有数詞に用いられます。固有数詞の「20」は**스물**ですが、助数詞の前では**스무 명**(20名)、**스무 개**(20個)のように**스무**という形になります。

16. **유월 십일 일**
**Point** 〜**월**(月)も〜**일**(日)も漢数詞に用いられます。「6月」は例外として**육월**ではなく**유월**になります。

17. **네 마리**
**Point** 〜**마리**(匹、頭)は固有数詞に用いられます。

18. **열여섯 장**
**Point** 〜**장**(枚)は固有数詞に用い

られます。

19. **두 개**

   Point ～개(個)は固有数詞に用いられます。固有数詞の「2」は둘ですが、助数詞の前では두になります。

20. **여덟 번**

   Point 回数を表す～번(度、回)は固有数詞に用いられます。また、「第8回」と言うときの「回」は회で、漢数詞に用いられます(＝제 팔 회)

---

1. **를**

   Point 「～に乗る」は～을/를 타다です。～에 타다としないように注意しましょう。

2. **로**

   Point 手段を表す「～で」は～으로/로。ㄹパッチムには～로が付きます。

3. **을**

   Point 「～が好きだ」は～을/를 좋아하다または～이/가 좋다となります。～이/가 좋아하다と間違えないように注意してください。

4. **과 (하고)**

   Point パッチムのある単語に付く場合は～과、パッチムのない単語に付く場合は～와。～하고はパッチムに関係なく付き、話し言葉的な表現です。

5. **를**

   Point 「～に会う」は～을/를 만나다です。～에 만나다、～에게 만나다などと勘違いしないように注意しましょう。

6. **에게 / 한테**

   Point 「(場所)～に」は～에、「(人・動物)～に」は～에게、～한테です。～한테は話し言葉的な表現です。

7. **부터**

   Point 「(時間)～から」は～부터、「(場所)～から」は～에서です。

8. **누가**

   Point 「誰」は누구、「誰が」は누가です。

9. **몇**

   Point 時間、数、量などを尋ねると

きの「何」です。

10. **누구**
**Point** 「誰の物ですか？」と尋ねるときは**누구 것입니까?**と言います。

11. **언제**
**Point** 時間や時期を尋ねる疑問詞です。

12. **무엇**
**Point** 物の名前や内容が分からないものを尋ねるときの「何」です。

13. **어디**
**Point** 場所を尋ねる疑問詞です。

14. **얼마**
**Point** 値段や量を尋ねる疑問詞です。

15. **어느**
**Point** 二つ以上の対象の中でどれかを尋ねる疑問詞です。**어느 나라 사람이에요?**(どの国の人ですか？)、**어느 쪽으로 가요?**(どの方面へ行きますか？)など。

## 筆記⑤ 文法①　　　　　　　P.68〜

1. ②　先生に手紙を書きました。
**Point** 基本形は**쓰다**。으語幹の動詞で語幹が1文字なので、ㅡが脱落して**-었습니다**が付きます。

2. ①　地下鉄を降ります。
**Point** 基本形は**내리다**。語幹末の母音が陰母音(ㅣ)なので、**-어요**が付いて**내려요**になります。

3. ④　母が風邪をひきました。
**Point** 基本形は**걸리다**。語幹末の母音が陰母音(ㅣ)なので、**걸리**＋**었어요→걸렸어요**になります。

4. ③　娘が母より背が高いです。
**Point** 基本形は**크다**。으語幹の形容詞で語幹が1文字なので、ㅡが脱落して**-어요**が付きます。

5. ②　学校の前で会いましょうか？
**Point** 基本形は**만나다**。語幹末にパッチムがないので、**만나**＋**ㄹ까요→만날까요**となります。**-ㄹ까요**は「〜しましょうか？」という勧誘の表現です。

6. ①　ここに置いてください。
**Point** 基本形は**놓다**。語幹末にパッチムがあるので、**놓**＋**으세요→놓**

으세요となります。

여요→잘해요となります。

---

7. ③　今誰と住んでいますか？
   **Point** 基本形は**살다**。ㄹ語幹なので、ㅅで始まる語尾(-**습니까?**)が続くとパッチムのㄹが落ち、パッチムがない語幹と同様に-**ㅂ니까**が付きます(**살+습니까→사+ㅂ니까**)。

---

8. ④　スカートがあまりにも短いです。
   **Point** 基本形は**짧다**。語幹末の母音が陽母音(ㅏ)なので、**짧+아요→짧아요**となります。

---

9. ③　宿題がとても難しいです。
   **Point** 基本形は**어렵다**。語幹**어렵**に-**습니다**が付いて**어렵습니다**となります。

---

10. ②　店にお客さんが多いです。
    **Point** 基本形は**많다**。語幹末の母音が陽母音(ㅏ)なので**많+아요→많아요**となります。

---

11. ④　誕生日に何をもらいましたか？
    **Point** 基本形は**받다**。語幹末の母音が陽母音(ㅏ)なので**받+았습니까→받았습니까?**となります。

---

12. ①　妹は歌がうまいです。
    **Point** 基本形は**잘하다**。**하다**が付く用言には語幹に**여요**が続き、**잘하+**

---

13. **놉니다**
    **Point** ㄹ語幹なのでㅅで始まる語尾(-**습니다**)が続くとパッチムのㄹが落ち、パッチムがない語幹と同様に-**ㅂ니다**が付きます(**놀+습니다→노+ㅂ니다**)。

---

14. **마셔요**
    **Point** 語幹末の母音が陰母音(ㅣ)なので**마시+어요→마셔요**となります。

---

15. **주세요**
    **Point** 「～してください」という意味の語尾-(**으**)**세요**を付けます。**주다**は語幹にパッチムがないので、**주+세요→주세요**です。

---

16. **열었어요**.
    **Point** 語幹末の母音が陰母音(ㅕ)なので、**열+었어요→열었어요**となります。

---

17. **찾았습니다**
    **Point** 語幹末の母音が陽母音(ㅏ)なので、**찾+았습니다→찾았습니다**となります。

---

18. **줬어요**
    **Point** 語幹末の母音が陰母音(ㅜ)

---

なので、주＋었어요→줬어요となります。

19. **가깝습니까**

**Point** 語幹가깝に‐습니까が付いて、가깝습니까？となります。

20. **벗었어요**

**Point** 語幹末の母音が陰母音（ㅓ）なので、벗＋었어요→벗었어요となります。

---

1. **감기**

**Point** 감기에 걸리다で「風邪をひく」という意味です。감기를 걸리다ではなく감기에 걸리다であることに注意しましょう。類似の表現である병에 걸리다は「病気にかかる」です。

2. **신발/구두**

**Point** 신발을 신다, 구두를 신다で「靴を履く」という意味です。

3. **기분**

**Point** 기분이 나쁘다で「気分が悪い」「機嫌が悪い」という意味です。

4. **안경**

**Point** 쓰다には「書く」や「使う」などさまざまな意味がありますが、안경을 쓰다の組み合わせで「眼鏡を掛ける」という意味になります。

5. **눈**

**Point** 눈이 오다も同様の意味になります。

6. **여행**

**Point** 日本語では「旅行に行く」ですが、여행에 가다ではなく여행을 가다であるところに注意しましょう。

7. **돈**

**Point** 돈을 찾다を直訳すると「お金を探す」ですが、これで「お金を下ろす」という意味になります。

8. **배**

**Point** 배가 고프다で「おなかがすいている」という意味です。

9. **사진**

**Point** 사진을 찍다で「写真を撮る」という意味です。

10. **시험**
   **Point** 시험을 보다를 直訳すると「試験を見る」ですが、これで「試験を受ける」という意味になります。

11. **문**
   **Point** 문을 닫다で「ドアを閉める」。また、「閉店する」という意味もあります。

12. **약**
   **Point** 日本語では「薬を飲む」ですが、마시다（飲む）ではなく먹다（食べる）を用います。間違えやすいので注意しましょう。

13. **났습니다/났어요**
   **Point** 병이 나다で「病気になる」という意味です。

14. **씁니다/써요**
   **Point** 돈을 쓰다で「お金を使う」という意味です。

15. **입습니다/입어요**
   **Point** 日本語ではスカート、ズボンなどを「はく」と表現しますが、韓国語では입다（着る）を用いるので注意して覚えましょう。

16. **받습니다/받아요**
   **Point** 基本形は받다。전화를 받다で「電話を取る」「電話を受ける」という意味です。

17. **봤습니다/봤어요**
   **Point** 일을 보다を直訳すると「用事を見る」ですが、これで「用事を済ませる」という意味になります。

18. **합니다/해요**
   **Point** 생각을 하다を直訳すると「考えをする」ですが、これで「考える」という意味になります。

19. **찾습니다/찾아요**
   **Point** 집을 찾다で「家を訪ねる」という意味です。

20. **벗었습니다/벗었어요**
   **Point** 벗다は「脱ぐ」という意味で、안경을 벗다で「眼鏡を外す」という意味になります。

1. ④

この方はうちの<u>お父さんのお母さ</u>
<u>ん</u>です。
①お母さん　②お姉さん
③おじいさん　④おばあさん

2. ①

<u>土曜日と日曜日</u>には会社に行きま
せん。
①週末　②昨日　③先週　④昨年

3. ③

私は<u>高校で英語を教えています</u>。
①会社員です　②友達です
③先生です　　④高校生です

4. ④

<u>朝</u>友達と運動をしました。
①夕方　②昼　③午後　④午前

5. ②

私は朝食に<u>ご飯を食べません</u>。
①パンを食べます
②食事をしません
③仕事をします
④おなかがすいています
**Point** 밥(ご飯)は単に「米飯」とい
う意味だけでなく、毎回の「食事」
の意味があります。

6. ③

月曜日から金曜日まで<u>会社に行き</u>
<u>ます</u>。
①料理します　②運動します
③仕事します　④会います
**Point** 회사에 가다(会社に行く)の
他に**회사에 다니다**(会社に通う)と
いう表現でも**일하다**(仕事する)と
置き換えが可能な表現になります。

7. ②

学校の授業は<u>午後４時まで</u>です。
①４時に始まります
②４時に終わります
③４時に行きます
④４時に勉強します
**Point** 「４時まで」はつまり、「４時
に終わる」ことを意味します。

8. ③

今回の試験は<u>難しくありません</u>。
①寒いです　　②暑いです
③易しいです　④面白いです
**Point** 反対の意味を持つ単語同士
は、**안 어렵다**(難しくない)＝**쉽다**(易
しい)、**안 쉽다**(易しくない)＝**어렵**
**다**(難しい)のようにそれぞれを否定
して反対の意味を表現することも
できるため、セットで覚えましょう。

1. ③
　①大丈夫です。
　②(去る人に対して)さようなら。
　③ありがとうございます。
　④分かりました。

2. ①
　①もしもし。
　②いらっしゃいませ。
　③また会いましょう
　④そうです。

3. ②
　①初めまして。
　②お久しぶりです。
　③ありがとうございます。
　④よろしくお願いします。

4. ②
　①はい、そうです。
　②お会いできてうれしいです。
　③失礼します。
　④ちょっと待ってください。

5. ①
　①申し訳ありません。
　②とんでもないです。
　③(お会いできて)うれしいです。
　④分かりません。

6. ④
　①(その場にとどまる人に対して)さようなら。
　②いらっしゃいませ。
　③よろしくお願いします。
　④(去る人に対して)さようなら。

7. ③
　①ちょっと待ってください。
　②とんでもないです。
　③その通りです。
　④失礼します。

8. ①
　①また会いましょう。
　②こんにちは。
　③(お会いできて)うれしいです。
　④大丈夫です。

9. ④
　①いいえ。
　②そうです。
　③その通りです。
　④すみません。

10. ②
　①すみません／ごめんなさい。
　②おめでとうございます。
　③失礼します。
　④ありがとうございます。

1. ②　A：一緒に食事して行きましょうか？

   B：(　　　　　　　　　　　　　)。

   ①夜7時に閉店します　　②すみません。おなかがすいていません

   ③いいえ、とても安いです　④新宿に住んでいます

   **Point**　「食事して行きましょうか？」というＡの誘いに対して、「はい／いいえ」「して行く／して行かない」の言及はありませんが、おなかがすいていないと言って食事する意志がないことを伝え、間接的に誘いを断る②が正解です。なお、選択肢①の**문을 닫다**(ドアを閉める)には「閉店する」の意味もあります。

2. ③　A：試験は何時に始まりますか？

   B：(　　　　　　　　　　　　　)。

   ①5個下さい　　　　　　②分かりました

   ③午前10時からです　　　④10月3日です

   **Point**　Aが開始時間を尋ねているので、時間を答えている選択肢を選びましょう。

3. ①　A：問題が難しいですか？

   B：(　　　　　　　　　　　　　)。

   ①いいえ、簡単です　　　②いいえ、とても小さいです

   ③はい、仕事が多いです　④はい、具合が悪いです

   **Point**　「難しいですか？」に対する返答として「簡単です」と答えている①が正解です。**어렵다**(難しい)と**쉽다**(簡単だ)のように反対の意味になる単語はセットで覚えてください。

4. ④　A：(　　　　　　　　　　　　　)？

   B：私はお茶を飲みたいです。

   ①ご飯を食べましたか　　　　　②おいしいですか

   ③どんな映画を見たいですか　　　④食事しましょうか

   **Point**　Bが「お茶を飲みたい」と答えているのに対し、「何がしたいか？」「何を飲みたいか？」など直接希望を尋ねる選択肢はありませんが、食事の誘いに対して「(食事ではなくて)お茶が飲みたい」という対話が成り立つ④が正解です。

5. ② A:(                         )?

B:とても近いです。

①このかばん、高いですか　　　　②家から会社まで遠いですか

③妹さんは背が高いですか　　　　④韓国の冬は寒いですか

**Point** Bの返答が「近いです」なので、Aに距離を聞かれていることが推測できます。멀다(遠い)はㄹ語幹なので、ㅅで始まる語尾(-습니까?)が続くとパッチムのㄹが落ち、-ㅂ니까が付いて멉니까?という形になります。

6. ④ A:運動が好きですか?

B:(                         )。

①はい、とても寒いです　　②机の下にあります

③牛乳が好きです　　　　④いいえ、嫌いです

**Point** 「好きですか?」に対してその反対の意味になる「嫌いです」と答えている④が正解です。

## 筆記⑩ 読解 P.80 〜

1. 私は去年結婚をしました。私の夫は会社に通っています。そして、<u>男の子</u>が1人います。私は今年から会社に通っていません。今週、家族と一緒に韓国へ旅行に行きます。韓国で韓国料理をたくさん食べたいです。服とかばんも買いたいです。

**1) ②**

①妹　②息子　③学生　④おじさん

**Point** 남자아이は「男の子ども」「男の子」のことで、この文章では親が自分の息子のことを指して言っているものです。「娘」の場合は여자아이(女の子)と表現できます。

**2) ③**

**Point** 「去年結婚をした」「夫と男の子が1人」「今年から会社に通っていない」「今週韓国へ旅行に行く」というポイントを押さえると、選択肢の中でこれらの内容と一致するのは「私・夫・男の子1人」を「3人家族」と言い換えている③になります。

2. 私の趣味はサッカーです。私の弟も父もサッカーが好きです。私たちは週末に学校でサッカーをします。しかし、母は<u>この運動</u>が好きではありません。料理が好きです。母の料理はとてもおいしいです。私は母の料理がとても好きです。

**1)** ③

①料理　②週末　③サッカー　④弟

**Point** 운동は「運動」「スポーツ」のことです。私と弟と父が好きなサッカーを、母は好きではないと言っています。

---

**2)** ①

**Point** 正解以外の選択肢を文章の内容に一致するように直すと次のようになります。②、③母は料理が好きです　④私と弟と父はサッカーが好きです

---

総仕上げ点検！
模擬試験

# 聞き取り問題 (30分)

**全問題数 20問**
**マークシートの1〜20番使用**

音声のトラックNo.39〜64を聞いて答えてください。
空欄はメモをする場合にお使いください。

**1** 文章と質問文を2回読みます。【質問】に対する答えとして適切な絵を
①～④の中から1つ選んでください。解答はマークシートの1番～
3番にマークしてください。 ＜2点×3問＞

◎ 41

1 )＿＿＿＿＿＿＿＿＿＿＿＿＿＿＿＿＿＿＿＿＿＿＿＿＿＿＿

＿＿＿＿＿＿＿＿＿＿＿＿＿＿＿＿＿＿＿＿＿＿＿＿＿＿＿

【質問】＿＿＿＿＿＿＿＿＿＿＿＿＿＿＿＿＿＿＿＿＿ 1

2 ）_____

_____

_____

【質問】_____  | 2 |

3) _____

_____

_____

【質問】_____ 　3

**2** 短い文を2回読みます。(　　　)の中に入れるのに適切なものを①〜④の中から1つ選んでください。解答はマークシートの4番〜7番にマークしてください。　　　　　　　　　　　　　＜2点×4問＞

◉45

1) (　　　　　)이에요.　　　　　　　　　　　　　　　　4

　　①21번　　　②22번　　　③23번　　　④24번

◉46

2) 내일 (　　　　)에 친구를 만나요.　　　　　　　　5

　　①9시　　　②10시　　　③11시　　　④12시

◉47

3) 지하철로 (　　　　)입니다.　　　　　　　　　　　6

　　①100원　　②1,000원　③200원　　④2,000원

◉48

4) 식당은 (　　　)에 있어요.　　　　　　　　　　　7

　　①1층　　　②2층　　　③3층　　　④4층

**3** 短い文を2回読みます。応答文として最も適切なものを①〜④の中から1つ選んでください。解答はマークシートの8番〜12番にマークしてください。　　　　　　　　　　　　　　　＜2点×5問＞

◎50

1) _____ 8

①야구를 했어요.　　　②밥을 먹었어요.
③돈을 찾았어요.　　　④영화를 봤어요.

◎51

2) _____ 9

①도서관에서 공부했어요.　②학교에 가요.
③축구를 아주 좋아해요.　　④친구를 만났어요.

◎52

3) _____ 10

①공부를 했어요.　　　②감기에 걸렸어요.
③집에 있어요.　　　　④전화를 해요.

4）＿＿＿＿＿＿＿＿＿＿＿＿＿＿＿＿＿＿＿＿＿＿＿＿＿　⬚11⬚

①여동생한테 주었어요.　②학교에서 썼어요.
③친구를 만났어요.　　④친구에게 썼어요.

5）＿＿＿＿＿＿＿＿＿＿＿＿＿＿＿＿＿＿＿＿＿＿＿＿＿　⬚12⬚

①하나만 주세요.　　②노트 주세요.
③일 분 걸려요.　　④우표를 사요.

**4**　対話文を2回読みます。対話の内容と一致するものを①〜④の中から
1つ選んでください。解答はマークシートの13番〜18番にマーク
してください。　　　　　　　　　　　　＜2点×5問＞

1）男：＿＿＿＿＿＿＿＿＿＿＿＿＿＿＿＿＿＿＿＿＿＿＿＿＿＿＿＿

　　女：＿＿＿＿＿＿＿＿＿＿＿＿＿＿＿＿＿＿＿＿＿＿＿＿＿＿＿＿

①家から会社まで30分かかります。　　⬚13⬚

②家から会社まで1時間かかります。

③家から駅まで30分かかります。

④家から駅まで1時間かかります。

109

◎57

２）男：_____

女：_____

①夜10時に寝ました。 | 14

②夜11時に寝ました。

③朝７時に起きました。

④朝８時に起きました。

◎58

３）男：_____

女：_____

①韓国は１月によく雪が降ります。 | 15

②韓国は２月によく雪が降ります。

③韓国は１月によく雨が降ります。

④韓国は２月によく雨が降ります。

◎59

４）男：_____

女：_____

①地下鉄で会社に来ました。 | 16

②バスで会社に来ました。

③地下鉄で学校に来ました。

④バスで学校に来ました。

5）男：＿＿＿＿＿＿＿＿＿＿＿＿＿＿＿＿＿＿＿＿

　　女：＿＿＿＿＿＿＿＿＿＿＿＿＿＿＿＿＿＿＿＿

　　①女性は頭が痛いです。　　　　　　　　　　17

　　②女性は風邪をひきました。

　　③女性はおなかが痛いです。

　　④女性は病院に行きません。

6）男：＿＿＿＿＿＿＿＿＿＿＿＿＿＿＿＿＿＿＿＿

　　女：＿＿＿＿＿＿＿＿＿＿＿＿＿＿＿＿＿＿＿＿

　　①男性は明日の午前中に試験があります。　　18

　　②女性は明日の午後に試験があります。

　　③二人は明日時間がありません。

　　④女性は明日午後に時間があります。

STEP 4 模擬試験 聞き取り

**5** 文章と質問文をセットにして読みます。【質問1】と【質問2】に対する答えとして適切なものを①〜④の中から1つ選んでください。解答はマークシートの19番〜20番にマークしてください。 ＜2点×2問＞

_____

_____

_____

_____

_____

【質問1】_____

　　①17　　　②18　　　③19　　　④20　　　　| 19 |

【質問2】_____

　　①高校生　②大学生　③医者　④会社員　　| 20 |

## STEP 4

### 総仕上げ点検！
# 模擬試験

# 筆記問題（60分）

**全問題数 40問**
**マークシートの1～40番使用**

**1** 発音どおり表記したものを①～④の中から１つ選びなさい。
（マークシートの１番～３番を使いなさい）　　　　＜１点×３問＞

１）십일월　　　　　　　　　　　　　　　　　　1

　　①시비월　　②시비뤌　　③십이월　　④십이뤌

２）식사　　　　　　　　　　　　　　　　　　　2

　　①식싸　　②신사　　③신사　　④시싸

３）좋아요　　　　　　　　　　　　　　　　　　3

　　①조아요　　②조하요　　③존나요　　④종아요

**2** 次の日本語の意味を正しく表記したものを①～④の中から1つ選びなさい。

（マークシートの4番～7番を使いなさい）　　　　　　＜1点×4問＞

1）結婚　　　　　　　　　　　　　　　　　　　　　　4

①겨론　　②결론　　③겨혼　　④결혼

2）また　　　　　　　　　　　　　　　　　　　　　　5

①다　　　②더　　　③또　　　④도

3）おばさん　　　　　　　　　　　　　　　　　　　　6

①아주마니　②아주모니　③아주머니　④아줌어니

4）小さいです　　　　　　　　　　　　　　　　　　　7

①작가요　　②적아요　　③자아요　　④작아요

**3** 次の日本語に当たるものを①～④の中から1つ選びなさい。
（マークシートの8番～12番を使いなさい） ＜1点×5問＞

1）先週 $\boxed{8}$

①이번 주　②지난주　③이번 달　④지난달

2）全部 $\boxed{9}$

①같이　②모두　③더　④아주

3）腰 $\boxed{10}$

①손　②발　③허리　④머리

4）時計 $\boxed{11}$

①시간　②세계　③시험　④시계

5）一緒に $\boxed{12}$

①더　②빨리　③같이　④아주

**4** （　　　）の中に入れるのに最も適切なものを①～④の中から１つ選びなさい。

（マークシートの13番～17番を使いなさい）　　　＜２点×５問＞

1）우유를（　　　　）.　　　　　　　　　　　　　　13

①마시고 싶어요　　　②가고 싶어요
③보고 싶어요　　　　④일어나고 싶어요

2）비가 와요. 우산을（　　　　）.　　　　　　　　14

①타세요　　②쓰세요　　③나오세요　　④다니세요

3）여동생이 아니라（　　　　）예요.　　　　　　　15

①소　　　　②개　　　　③학교　　　　④언니

4）집에서 회사까지（　　　　）.　　　　　　　　　16

①멀어요　　②바빠요　　③살아요　　④봐요

5）저는 매일 치마를（　　　　）.　　　　　　　　17

①신어요　　②써요　　③가요　　④입어요

**5** ( )の中に入れるのに適切なものを①～④の中から1つ選びなさい。
（マークシートの18番～21番を使いなさい） ＜2点×4問＞

1） A:( ) 책을 찾으세요? 　　　　　　　　18

　　 B:한국어 책 있어요?

　　 ①어떤 　　　②얼마 　　　③몇 　　　④누구

2） A:요리를 잘해요? 　　　　　　　　　　19

　　 B:아뇨, 저는 요리를 ( ).

　　 ①좋아요 　　②찍어요 　　③못해요 　　④먹어요

3） A:시간이 더 걸려요? 　　　　　　　　　20

　　 B:아뇨, ( ) 끝나요.

　　 ①천천히 　　②다 　　　③더 　　　④곧

4） A:일본의 ( )은 춥습니까? 　　　　　21

　　 B:네, 아주 춥습니다.

　　 ①가방 　　　②사과 　　　③겨울 　　　④고추

**6** 次の文の意味を変えずに下線部の単語と置き換えが可能なものを
①～④の中から１つ選びなさい。

（マークシートの22番～23番を使いなさい）　　＜２点×２問＞

１）도서관에서 책을 <u>봤습니다</u>.　　　　　　　　　　22

　　①마셨어요　　②샀어요　　③읽었어요　　④팔았어요

２）이 가게는 아침 열 시부터 <u>문을 열어요</u>.　　23

　　①시작해요　　②가요　　③식사해요　　④만나요

STEP 4 模擬試験 筆記

**7**（　　　　）の中に入れるのに適切なものを①～④の中から１つ選び
なさい。

（マークシートの24番～26番を使いなさい）　　＜１点×３問＞

１）주말에 요리를（　　　　）.　　　　　　　　　24

　　①했어요　　②해였어요　　③했아요　　④핬습니다

２）제 친구는 서울에（　　　　）.　　　　　　　　25

　　①살습니다　　②살읍니다　　③사읍니다　　④삽니다

3） 우체국 앞에서 (          ).　　　　　　　　　 26

　　①기다렸어요　　　②기다렸어요
　　③기다렀아요　　　④기다렸아요


**8**　（　　）の中に入れるのに適切なものを①～④の中から1つ選びなさい。
　　　（マークシートの27番～29番を使いなさい）　　　＜1点×3問＞

1） 저는 쇠고기보다 돼지고기(          ) 좋아요.　 27

　　　①가　　②를　　③에게　　④와

2） 지금 누구(          ) 전화했어요?　　　　　　　 28

　　　①만　　②까지　③한테　　④에

3） A:오늘 너무 덥지요.　　　　　　　　　　　　　 29
　　 B:네, 날씨가 여름(          ).

　　　①와 같아요　　　②과 같아요
　　　③이 아니에요　　④가 아니에요

**9** 次の場面や状況において最も適切なあいさつ言葉を①〜④の中から1つ選びなさい。

（マークシートの30番〜31番を使いなさい）　＜1点×2問＞

1）長い間会っていなかった人に会ったとき。　　　　　　　30

　　①오래간만이에요.　　②또 만나요.
　　③실례하겠습니다.　　④축하합니다.

2）店員がお客さんを迎え入れるとき。　　　　　　　　　31

　　①어서 오십시오.　　②잘 부탁드리겠습니다.
　　③처음 뵙겠습니다.　　④잠깐만요.

STEP 4 模擬試験 筆記

**10** 対話文を完成させるのに最も適切なものを①〜④の中から1つ選びなさい。

（マークシートの32番〜36番を使いなさい）　＜2点×5問＞

1）A：이 과일의 이름을 아세요?　　　　　　　　　　32
　　B：(　　　　　　　).

　　①먹고 싶습니다　　②모르겠습니다
　　③너무 덥습니다　　④너무 비쌉니다

2） A：일요일에 무엇을 했어요?　　　　　　　33

　　 B：친구와 같이 (　　　　　　).

　　 ①놀았어요　　　　　　②놀고 싶어요
　　 ③놀겠어요　　　　　　④놀고 와요

3） A：왜 집에 안 가요?　　　　　　　　　34

　　 B：(　　　　　　).

　　 ①일이 많아요　　　　　②가방을 사겠어요
　　 ③일이 없어요　　　　　④책이 비싸요

4） A：(　　　　　　)?　　　　　　　　　35

　　 B：바다는 어때요?

　　 ①우리 언제 만날까요　　　②누구와 영화를 봤어요
　　 ③여기까지 어떻게 왔어요　　④여름에 어디로 갈까요

5） A：무슨 요리를 먹고 싶어요?　　　　　36

　　 B：(　　　　　　).

　　 ①설탕 주세요　　　　　②저는 안 가요
　　 ③비빔밥이요　　　　　④아주 맛있어요

対話文を読んで、問いに答えなさい。

（マークシートの37番〜38番を使いなさい）　　　＜2点×2問＞

민아 : 집에서 역까지 멉니까?

현식 : 네, 십오 분 걸립니다.

민아 : 회사까지는 무엇으로 갑니까?

현식 : 지하철을 ( 　37　 ). 역에서 역까지 삼십 분 걸립니다.

민아 : 거기에서 회사까지는 가깝습니까?

현식 : 네, 역 옆에 있습니다.

1）( 　37　 )の中に入れるのに適切なものを①〜④の中から1つ選びな

さい。　　　　　　　　　　　　　　　　　　　　　　　　　37

①타고 와요　　　②타고 가요

③입고 가요　　　④입고 와요

2）'거기'が指すものを①〜④の中から1つ選びなさい。　　　38

①집　　　　　　　②회사 옆 역

③회사　　　　　　④학교

**12** 文章を読んで、問いに答えなさい。

(マークシートの39番～40番を使いなさい)　　　＜2点×2問＞


　우리 가족은 아버지, 어머니, 남동생 그리고 제가 있습니다. 내일은 남동생의 생일입니다. 저는 오늘 가게에서 생일 선물을 샀습니다. 가방을 샀습니다. 내일 남동생에게 주고 싶습니다. 내일 집에서 아버지, 어머니, 남동생하고 아침을 먹고 같이 가족 사진을 찍고 싶습니다.


1) '선물'が指すものを①～④の中から選びなさい。　　　39

　　①사진　　②남동생　　③가방　　④생일


2) 対話文の内容と一致するものを①～④の中から1つ選びなさい。　　40

　　①私の家族は3人家族です。
　　②明日は妹の誕生日です。
　　③明日家族と一緒に外食をします。
　　④明日家族写真を撮りたいです。

STEP

# 4

総仕上げ点検！

# 模擬試験

## 解 答

# 模擬試験　聞き取り問題　正答一覧

| 問 題 | | マークシート番号 | 正 答 | 配 点 |
|---|---|---|---|---|
| **1** | 1） | 1 | ③ | 2 |
| | 2） | 2 | ① | 2 |
| | 3） | 3 | ④ | 2 |
| **2** | 1） | 4 | ② | 2 |
| | 2） | 5 | ③ | 2 |
| | 3） | 6 | ④ | 2 |
| | 4） | 7 | ③ | 2 |
| **3** | 1） | 8 | ③ | 2 |
| | 2） | 9 | ③ | 2 |
| | 3） | 10 | ② | 2 |
| | 4） | 11 | ④ | 2 |
| | 5） | 12 | ① | 2 |

| 問 題 | | マークシート番号 | 正 答 | 配 点 |
|---|---|---|---|---|
| **4** | 1） | 13 | ② | 2 |
| | 2） | 14 | ③ | 2 |
| | 3） | 15 | ① | 2 |
| | 4） | 16 | ③ | 2 |
| | 5） | 17 | ③ | 2 |
| | 5） | 18 | ② | 2 |
| **5** | 1） | 19 | ③ | 2 |
| | 2） | 20 | ① | 2 |

※配点は実際の試験と異なる場合があります。

## 採点

| 試験 | 日付 | 聞き取り | 筆記 | 合計 |
|---|---|---|---|---|
| 1回目 | / | 点 / 40点 | 点 / 60点 | 点 / 100点 |
| 2回目 | / | 点 / 40点 | 点 / 60点 | 点 / 100点 |

# 模擬試験　筆記問題　正答一覧

| 問　題 | | マークシート番号 | 正　答 | 配点 |
|---|---|---|---|---|
| **1** | 1） | 1 | ② | 1 |
| | 2） | 2 | ① | 1 |
| | 3） | 3 | ① | 1 |
| **2** | 1） | 4 | ④ | 1 |
| | 2） | 5 | ③ | 1 |
| | 3） | 6 | ③ | 1 |
| | 4） | 7 | ④ | 1 |
| **3** | 1） | 8 | ② | 1 |
| | 2） | 9 | ② | 1 |
| | 3） | 10 | ③ | 1 |
| | 4） | 11 | ④ | 1 |
| | 5） | 12 | ③ | 1 |
| **4** | 1） | 13 | ① | 2 |
| | 2） | 14 | ② | 2 |
| | 3） | 15 | ④ | 2 |
| | 4） | 16 | ① | 2 |
| | 5） | 17 | ④ | 2 |
| **5** | 1） | 18 | ① | 2 |
| | 2） | 19 | ③ | 2 |
| | 3） | 20 | ④ | 2 |
| | 4） | 21 | ③ | 2 |

| 問　題 | | マークシート番号 | 正　答 | 配点 |
|---|---|---|---|---|
| **6** | 1） | 22 | ③ | 2 |
| | 2） | 23 | ① | 2 |
| **7** | 1） | 24 | ① | 1 |
| | 2） | 25 | ④ | 1 |
| | 3） | 26 | ② | 1 |
| **8** | 1） | 27 | ① | 1 |
| | 2） | 28 | ③ | 1 |
| | 3） | 29 | ② | 1 |
| **9** | 1） | 30 | ① | 1 |
| | 2） | 31 | ① | 1 |
| **10** | 1） | 32 | ② | 2 |
| | 2） | 33 | ① | 2 |
| | 3） | 34 | ① | 2 |
| | 4） | 35 | ④ | 2 |
| | 5） | 36 | ③ | 2 |
| **11** | 1） | 37 | ② | 2 |
| | 2） | 38 | ② | 2 |
| **12** | 1） | 39 | ③ | 2 |
| | 2） | 40 | ④ | 2 |

STEP **4** 模擬試験

解答

※配点は実際の試験と異なる場合があります。

# 模擬試験　聞き取り問題　【解答】

## ① 1）正解 ③

🔊 音声

내일은 수요일입니다. 어제는 회사에서 일을 했습니다.

【質問】월요일에는 무엇을 했습니까?

明日は水曜日です。昨日は会社で仕事をしました。

【質問】 月曜日には何をしましたか?

**Point** 明日が水曜日なので、今日は火曜日で昨日は月曜日です。

## 2）正解 ①

🔊 音声

시장에서 빵하고 사과를 샀습니다. 그리고 우체국에 갔습니다.

【質問】시장에서 무엇을 샀습니까?

市場でパンとリンゴを買いました。そして郵便局に行きました。

【質問】 市場で何を買いましたか?

**Point** 「何」「どこ」など【質問】で何を尋ねられているかに集中して聞き取りましょう。

## 3）正解 ④

🔊 音声

오늘 병원에 가겠습니다. 그리고 도서관에서 책을 읽고 싶습니다.

【質問】오늘 무엇을 하고 싶습니까?

今日病院へ行きます。そして図書館で本を読みたいです。

【質問】 今日何をしたいですか?

## ② 1）正解 ②

🔊 音声

이십이 번이에요.

22番です。

①21番　②22番　③23番　④24番

**Point** 이십이 번 (22番) は連音化により [ 이시비번 ] と発音します。さらに〜이에요 (〜です) が続いて [ 이시비버니에요 ] と発音されます。

## 2)正解 ③

◀音声

내일 열한 시에 친구를 만나요.

明日 (　　　　) に友達に会います。

① 9時　② 10時　③ 11時　④ 12時

**Point** パッチムの後に ㅎ が続くと ㅎ は弱音化してほとんど発音されないため、열한 시 (11時) の発音は [ 여란시 ] となります。

## 3)正解 ④

◀音声

지하철로 이천 원입니다.

地下鉄で(　　　　)です。

①100ウォン　②1,000ウォン　③200ウォン　④2,000ウォン

**Point** 이천 원 (2,000ウォン) は、連音化により [ 이처눤 ] と発音されます。

## 4)正解 ③

◀音声

식당은 3층에 있어요.

食堂は(　　　　)にあります。

① 1階　② 2階　③ 3階　④ 4階

## ③ 1)正解 ③

◀音声

은행에서 무엇을 했어요?

銀行で何をしましたか?

①野球をしました。　　②ご飯を食べました。

③お金を下ろしました。　④映画を見ました。

**Point** 「お金を下ろす」は 돈을 찾다 です。

## 2）正解 ③

◀ 音声

취미가 뭐예요?

趣味は何ですか？
①図書館で勉強しました。　②学校に行きます。
③サッカーがとても好きです。　④友達に会いました。

## 3）正解 ②

◀ 音声

어디 아파요?

どこか具合が悪いですか？
①勉強をしました。　②風邪をひきました。
③家にいます。　④電話をします。

**Point** 아파요の基本形は아프다。「痛い」の他に、「（体の）具合が悪い」という意味もあることを覚えておきましょう。「どこ」も「どこか」も어디を使います。

## 4）正解 ④

◀ 音声

누구한테 편지를 썼어요?

誰に手紙を書きましたか？
①妹にあげました。　②学校で書きました。
③友達に会いました。　④友達に書きました。

## 5）正解 ①

◀ 音声

몇 개 사시겠습니까?

何個お買いになりますか？
①一つだけ下さい。　②ノート下さい。
③1分かかります。　④切手を買います。

4 1)正解 ②

◀音声

男:집에서 회사까지 시간이 많이 걸려요?

女:한 시간쯤 걸려요.

男:家から会社まで時間がたくさんかかりますか？

女:1時間くらいかかります。

**Point** 〜쯤は「〜くらい」です。「(場所)〜から(場所)〜まで」は、場所＋에서〜까지。「(時間が)かかる」は걸리다を使います。

2)正解 ③

◀音声

男:몇 시에 일어났어요?

女:아침 일곱 시에 일어났어요.

男:何時に起きましたか？

女:朝7時に起きました。

**Point** 〜시(時)には固有数詞を用います。

3)正解 ①

◀音声

男:한국은 몇 월에 눈이 많이 와요?

女:일월이에요.

男:韓国は何月に雪がたくさん降りますか？

女:1月です。

**Point** 몇 월(何月)の発音は[며뒬]。〜월(月)には漢数詞を用います。

4)正解 ③

◀音声

男:학교에 무엇으로 왔어요?

女:지하철을 타고 왔어요.

男:学校に何で来ましたか？

女:地下鉄に乗ってきました。

**Point** 무엇으로の〜으로は「(手段)〜で」の意味。무엇으로は「何で」です。

**5)正解 ③**

◀ 音声

男:왜 병원에 가요?

女:배가 아파요.

男：なぜ病院へ行きますか？

女：おなかが痛いです。

**6)正解 ②**

◀ 音声

男:내일 오후에 시간 있어요?

女:내일 오후에는 학교에서 시험이 있어요.

男：明日の午後時間ありますか？

女：明日の午後は学校で試験があります。

---

**5** ◀ 音声

저는 대학생입니다. 나이는 열아홉 살입니다. 저는 여동생이 있습니다. 제 여동생은 고등학교에 다닙니다.

**1)正解 ③**

◀ 音声

【質問1】이 사람은 몇 살입니까?

私は大学生です。年は19歳です。私は妹がいます。私の妹は高校に通っています。

【質問1】この人は何歳ですか？

**Point** 〜살(歳)には固有数詞を用います。「19」は**열아홉**。

**2)正解 ①**

◀ 音声

【質問2】여동생은 무엇을 합니까?

【質問2】妹は何をしていますか？

**Point** 대학생、열아홉 살、여동생、고등학교などのキーワードを漏らさずメモできるようにしましょう。**고등학교에 다닙니다**(高校に通っています)と言っているので、選択肢の中で最もふさわしいのは①高校生です。

# 模擬試験　筆記問題

1 1) 正解 ②

11 月
**Point** 십のパッチムㅂと일のパッチムㄹの後に母音が続いて連音化しています。

2) 正解 ①

食事
**Point** 식のパッチムㄱの後にㅅが続いて濃音化しています。

3) 正解 ①

いいです
**Point** パッチムㅎの後に母音が続くと、ㅎは発音されません。

2 1) 正解 ④
　2) 正解 ③
　3) 正解 ③
　4) 正解 ④

3 1) 正解 ②
　　①今週　②先週　③今月　④先月

　2) 正解 ②
　　①一緒に　②全て　③もっと　④とても

　3) 正解 ③
　　①手　②足　③腰　④頭

　4) 正解 ④
　　①時間　②世界　③試験　④時計

　5) 正解 ③
　　①もっと　②はやく　③一緒に　④とても

STEP
4
模擬試験

解答
筆記

133

4 1) 正解 ①

牛乳を（　　　　　）。
①飲みたいです　②行きたいです　③見たいです　④起きたいです

2) 正解 ②

雨が降っています。傘を（　　　　　）。
①乗ってください　　　　②差してください
③出てきてください　　　④通ってください

**Point** 우산을 쓰다(傘を差す)の他にも、**이름을 쓰다**(名前を書く)、**안경을 쓰다**(眼鏡を掛ける)、**돈을 쓰다**(お金を使う)など、**쓰다**を使う連語を併せて覚えましょう。

3) 正解 ④

妹ではなく（　　　　　）です。
①牛　②犬　③学校　④姉

4) 正解 ①

家から会社まで（　　　　　）。
①遠いです　②忙しいです　③住みます　④見ます

**Point** 「(場所)〜から(場所)〜まで」の意味の〜**에서**〜**까지**の後には(**시간이**) **걸리다**(<時間が>かかる)、**멀다**(遠い)、**가깝다**(近い)などの表現が使われます。

5) 正解 ④

私は毎日スカートを（　　　　　）。
①履きます　②書きます　③行きます　④着ます(はきます)

**Point** スカート、ズボンなどは、服と同じく**입다**(着る)を使います。①の基本形**신다**(履く)は、靴や靴下を「はく」と言うときに使います。

5 1) 正解 ①

A：（　　　　　）本をお探しですか？
B：韓国語の本、ありますか？

①どんな　②いくら　③いくつ　④誰

**Point** 어떤(どんな)は、人や物、事柄の特性や性格、状態、内容などを尋ねる疑問詞です。

### 2) 正解 ③

A：料理が上手ですか？
B：いいえ、私は料理が(　　　　　)。
①良いです　②撮ります　③できません　④食べます

**Point** 잘하다(上手だ、うまい)、못하다(できない)、잘 못하다(下手だ)の表現を覚えておきましょう。

### 3) 正解 ④

A：時間がもっとかかりますか？
B：いいえ、(　　　　　)終わります。
①ゆっくり　②全て　③もっと　④すぐに

**Point** 「時間がもっとかかるか」と尋ねたのに対して「いいえ」と否定しているので、それほど時間がかからないという意味につながる④が正解です。

STEP 4 模擬試験

解答 筆記

### 4) 正解 ③

A：日本の(　　　　　)は寒いですか？
B：はい、とても寒いです。
①かばん　②リンゴ　③冬　④唐辛子

**Point** 춥습니까?(寒いですか？)が読み取れれば、関連する選択肢が選べます。

6 1) 正解 ③

図書館で本を見ました。
①飲みました　②買いました　③読みました　④売りました

**Point** 책을 보다(本を見る)は、책을 읽다(本を読む)と同じ意味です。

### 2) 正解 ①

この店は朝10時から開店します。

①（営業を）始めます　②行きます　③食事します　④会います
**Point** 문을 열다は「ドアを開ける」という意味ですが、「開店する」「オープンする」という意味もあります。

---

7 1）正解 ①

週末に料理を（　　　　　）。
①しました　※②③④は誤った形
**Point** 基本形は하다です。하다に아/어で始まる語尾が続くと、語幹하に－여が付き하여となり、縮約して하여→해になります。従って、過去形の語尾－았/었어요が続くと했어요です。

2）正解 ④

私の友達はソウルに（　　　　　）。
④住んでいます　※①②③は誤った形
**Point** 基本形は살다で ㄹ 語幹なので、パッチム ㄹ の後に ㅅ が続くと ㄹ パッチムが落ち、パッチムがない場合と同じように－ㅂ니다が付きます。「살＋습니다→사＋ㅂ니다→삽니다」の活用を覚えましょう。

3）正解 ②

郵便局の前で（　　　　　）？
②待ちました　※①③④は誤った形
**Point** 基本形は기다리다で、語幹末の母音が陰母音（ㅣ）なので、기다리＋었어요→기다리었어요→기다렸어요となります。

---

8 1）正解 ①

私は牛肉より豚肉（　　）好きです。
①が　②を　③に　④と
**Point** 「〜が好き」だという表現は、①〜을/를 좋아하다　②〜이/가 좋다です。좋아하다と좋다の前に来る助詞が異なるので注意しましょう。

2）正解 ③

今誰（　　）電話しましたか？

①だけ ②まで ③(人・動物)に ④に
**Point** 「(人・動物)〜に」を意味する助詞は、〜한테(話し言葉的)か〜에게(書き言葉的)です。④の〜에は、「(場所・目的地など)〜に(ある、いる、行く)」または「(時間)〜に(始まる、終わる、会う)」などの意味になります。

3)正解 ②

A:今日とても暑いですよね。
B:はい、天気が夏(     )。
①のようです    ②のようです
③ではありません ④ではありません
**Point** ①と②はどちらも「〜のようです」の意味ですが、여름(夏)は単語末にパッチムがあるので〜과 같아요が正解です。

9 1)正解 ①

①久しぶりです。  ②また会いましょう。
③失礼します。   ④おめでとうございます。

2)正解 ①

①いらっしゃいませ。 ②よろしくお願いいたします。
③初めまして。    ④少々お待ちください。

10 1)正解 ②

A:この果物の名前をご存じですか?
B:(       )。
①食べたいです    ②分かりません
③とても暑いです   ④とても高いです
**Point** 아세요?(ご存じですか?)の基本形は알다(知っている、分かる)です。「知らない」という否定形は、안 알다ではなく모르다です。

2)正解 ①

A:日曜日に何をしましたか?
B:友達と一緒に(    )。

①遊びました　②遊びたいです　③遊ぶつもりです　④遊んできます

**Point** 対話文の問題では対話の時制が一致しているかにも注意して選択肢を選びましょう。

## 3）正解 ①

A：なぜ家に帰らないんですか？

B：(　　　　　　　　　)。

①仕事が多いです　　②かばんを買います

③仕事がないです　　④本が高いです

**Point** 「なぜ」と理由を聞いているので、家に帰らない理由になる答えを探しましょう。

## 4）正解 ④

A：(　　　　　　　　　)？

B：海はどうですか？

①私たち、いつ会いましょうか　　　②誰と映画を見ましたか

③ここまでどうやって来ましたか　　④夏にどこへ行きましょうか

**Point** ～은/는 어때요?（～はどうですか？）は相手に提案したり、意見を尋ねるときに使う表現です。

## 5）正解 ③

A：何の料理を食べたいですか？

B：(　　　　　　　　　)。

①砂糖下さい　　　②私は行きません

③ビビンバです　　④とてもおいしいです

**Point** 무슨は「何の」「どんな」を問う疑問詞です。～（이）요は「～です」。

11　ミナ　　：家から駅まで遠いですか？

　　ヒョンシク：はい、15分かかります。

　　ミナ　　：会社までは何で行きますか？

　　ヒョンシク：地下鉄に(　　　　　)。駅から駅まで30分かかります。

　　ミナ　　：そこから会社までは<u>近い</u>ですか？

ヒョンシク：はい、駅の隣にあります。

## 1）正解 ②

①乗ってきます　②乗っていきます　③着ていきます　④着てきます

**Point** 乗り物に「乗っていく」は、~을/를 타고 가다と表現します。

## 2）正解 ②

①家　②会社の隣の駅　③会社　④学校

**Point** 역에서 역까지は、「家の最寄り駅から会社の最寄り駅まで」を指しています。それに対してミナがさらに「そこから会社までは近いか」と聞いているので、「そこ」は「会社の最寄り駅」です。ヒョンシクは会社が「駅の隣にある」と答えているので、つまり「そこ＝会社の最寄り駅＝会社の隣の駅」と読み取れます。

12　私の家族は父、母、弟、そして私がいます。明日は弟の誕生日です。私は今日お店で誕生日プレゼントを買いました。かばんを買いました。明日弟にあげたいです。明日家で父、母、弟と朝食を食べて、一緒に家族写真を撮りたいです。

## 1）正解 ③

①写真　②弟　③かばん　④誕生日

**Point** 선물을 샀습니다. 가방을 샀습니다.（プレゼントを買いました。かばんを買いました。）とあるので、プレゼントはかばんだと分かります。

## 2）正解 ④

**Point** 家族は「父、母、弟、そして私」とあるので、全部で4人家族。それぞれの選択肢を文章の内容と一致するように直すと、次のようになります。①私の家族は4人家族です。　②明日は弟の誕生日です。　③明日家族と一緒に家で朝食を食べます。

# 5級
# 重要語彙リスト

・掲載している語彙は「ハングル」検定公式ガイド「合格トウミ 初級編」に準拠しています。
・不規則活用をする用言には、変格の種類を表示しました。ただし、一部の不規則活用は5級試験範囲外のものもあります。
（ㄷ：ㄷ変格、ㅂ：ㅂ変格、ㅅ：ㅅ変格、르：르変格、ㄹ：ㄹ語幹、으：으語幹、하：하다語幹）

## 名詞・代名詞

| 語彙 | √CHECK 1 2 | 意味 | 実際の発音 |
|---|---|---|---|
| □□ | **가게** | 店 | |
| □□ | **가방** | かばん | |
| □□ | **가슴** | 胸 | |
| □□ | **가을** | 秋 | |
| □□ | **가족** | 家族 | |
| □□ | **감기** | 風邪 | |
| □□ | **값** | 値段、価値 | [갑] |
| □□ | **강** | 川 | |
| □□ | **개** | 犬 | |
| □□ | **거기** | そこ | |
| □□ | **것** | ①もの ②こと、〜の | [걷] |
| □□ | **겨울** | 冬 | |
| □□ | **결혼** | 結婚 | [겨론] |
| □□ | **고기** | 肉 | |
| □□ | **고등학교** | 高校 | [고등학꾜] |
| □□ | **고등학생** | 高校生 | [고등학쌩] |
| □□ | **고양이** | 猫 | |
| □□ | **고추** | 唐辛子 | |
| □□ | **공부** | 勉強 | |
| □□ | **공항** | 空港 | |
| □□ | **과일** | 果物 | |
| □□ | **교과서** | 教科書 | [교과서]または [교꽈서] |

| | | | |
|---|---|---|---|
| □□ | **교실** | 教室 | |
| □□ | **구두** | 靴、革靴 | |
| □□ | **구름** | 雲 | |
| □□ | **구월** | 9月 | |
| □□ | **국** | スープ、汁 | |
| □□ | **귀** | 耳 | |
| □□ | **그** | その | |
| □□ | **그것** | ①それ ②あれ | [그걷] |
| □□ | **그분** | ①その方 ②あの方 | |
| □□ | **글** | 字、文字 | |
| □□ | **금요일** | 金曜日 | [그묘일] |
| □□ | **기분** | 気持ち、気分 | |
| □□ | **기차** | 汽車、列車 | |
| □□ | **길** | 道 | |
| □□ | **김치** | キムチ | |
| □□ | **꽃** | 花 | [꼳] |
| □□ | **끝** | 終わり、端、先 | [끋] |
| □□ | **나** | 僕、私 | |
| □□ | **나라** | 国 | |
| □□ | **나무** | 木 | |
| □□ | **나이** | 年、年齢 | |
| □□ | **날씨** | 天気 | |
| □□ | **남자** | 男、男子、男性 | |
| □□ | **남편** | 夫 | |
| □□ | **낮** | 昼 | [낟] |
| □□ | **내** | 僕の、私の | |
| □□ | **내가** | 僕が、私が | |
| □□ | **내년** | 来年 | |
| □□ | **내일** | 明日 | |
| □□ | **냉면** | 冷麺 | |

| | | | |
|---|---|---|---|
| ☐☐ | **노래** | 歌 | |
| ☐☐ | **노트** | ノート | |
| ☐☐ | **누가** | 誰が | |
| ☐☐ | **누구** | 誰 | |
| ☐☐ | **누나** | ①(弟から見た)姉、姉さん ②(年下の男性が親しい女性に言う)姉さん、先輩 | |
| ☐☐ | **눈**① | 目 | |
| ☐☐ | **눈**② | 雪 | |
| ☐☐ | **뉴스** | ニュース | |
| ☐☐ | **다리** | 脚 | |
| ☐☐ | **다음** | 次、次の | |
| ☐☐ | **다음 달** | 来月、翌月 | **[다음딸]** |
| ☐☐ | **다음 주** | 来週、翌週 | **[다음쭈]** |
| ☐☐ | **단어** | 単語 | **[다너]** |
| ☐☐ | **달** | ①月 ②～月(つき)、～か月 | |
| ☐☐ | **닭** | 鶏 | **[닥]** |
| ☐☐ | **대학** | ①大学 ②学部 | |
| ☐☐ | **대학교** | 大学、総合大学 | **[대학꾜]** |
| ☐☐ | **대학생** | 大学生 | **[대학쌩]** |
| ☐☐ | **도서관** | 図書館 | |
| ☐☐ | **돈** | お金 | |
| ☐☐ | **동생** | 弟、妹 | |
| ☐☐ | **돼지** | 豚 | |
| ☐☐ | **뒤** | 後、裏 | |
| ☐☐ | **드라마** | ドラマ | |
| ☐☐ | **뒤쪽** | 後側、後方 | |
| ☐☐ | **딸** | 娘 | |
| ☐☐ | **마음** | 心 | |
| ☐☐ | **말** | 言葉、話、言語、言うこと | |
| ☐☐ | **맛** | 味 | **[맏]** |

| | | | |
|---|---|---|---|
| □□ | **매일** | 毎日 | |
| □□ | **머리** | 頭 | |
| □□ | **메일** | メール | |
| □□ | **모레** | あさって | |
| □□ | **목요일** | 木曜日 | [모교일] |
| □□ | **몸** | 体 | |
| □□ | **무엇** | 何 | [무얻] |
| □□ | **문** | ドア | |
| □□ | **문제** | 問題 | |
| □□ | **물** | お水 | |
| □□ | **밑** | ①下 ②底 | [믿] |
| □□ | **바다** | 海 | |
| □□ | **바지** | ズボン | |
| □□ | **밖** | 外 | [박] |
| □□ | **반** | 半分、半 | |
| □□ | **발** | 足 | |
| □□ | **밤** | 夜 | |
| □□ | **밥** | ご飯 | |
| □□ | **방** | 部屋 | |
| □□ | **배** | 腹 | |
| □□ | **버스** | バス | |
| □□ | **병** | 病気 | |
| □□ | **병원** | 病院 | |
| □□ | **볼펜** | ボールペン | |
| □□ | **봄** | 春 | |
| □□ | **불** | ①火 ②明かり | |
| □□ | **불고기** | 焼き肉 | |
| □□ | **비** | 雨 | |
| □□ | **비디오** | ビデオ | |
| □□ | **비빔밥** | ビビンバ | [비빔빱] |

| | | | |
|---|---|---|---|
| ☐☐ | **비행기** | 飛行機 | |
| ☐☐ | **빵** | パン | |
| ☐☐ | **사과** | リンゴ | |
| ☐☐ | **사람** | 人 | |
| ☐☐ | **사랑** | 愛、恋 | |
| ☐☐ | **사월** | 4月 | |
| ☐☐ | **사진** | 写真 | |
| ☐☐ | **산** | 山 | |
| ☐☐ | **삼월** | 3月 | [사뭘] |
| ☐☐ | **새** | 鳥 | |
| ☐☐ | **생각** | 考え、思想 | |
| ☐☐ | **생선** | (食べ物としての)魚 | |
| ☐☐ | **생일** | 誕生日 | |
| ☐☐ | **선물** | プレゼント | |
| ☐☐ | **선생님** | 先生 | |
| ☐☐ | **설탕** | 砂糖 | |
| ☐☐ | **소** | 牛 | |
| ☐☐ | **소금** | 塩 | |
| ☐☐ | **소리** | 声、音、話 | |
| ☐☐ | **속** | ①内、中、中身、内部 ②腹、腹具合 ③心中、胸中 | |
| ☐☐ | **속옷** | 下着、肌着 | [소곧] |
| ☐☐ | **손** | 手 | |
| ☐☐ | **손님** | お客さん | |
| ☐☐ | **쇠고기** | 牛肉 | |
| ☐☐ | **수업** | 授業 | |
| ☐☐ | **수요일** | 水曜日 | |
| ☐☐ | **숙제** | 宿題 | [숙쩨] |
| ☐☐ | **술** | お酒 | |
| ☐☐ | **숫자** | 数字 | [숟짜] |

| | | | |
|---|---|---|---|
| □□ | **스포츠** | スポーツ | |
| □□ | **시간** | 時間 | |
| □□ | **시계** | 時計 | [시게] |
| □□ | **시디** | CD | |
| □□ | **시월** | 10月 | |
| □□ | **시작** | 始め、始まり | |
| □□ | **시장** | 市場 | |
| □□ | **시험** | 試験 | |
| □□ | **식당** | 食堂 | [식땅] |
| □□ | **식사** | 食事 | [식싸] |
| □□ | **신문** | 新聞 | |
| □□ | **신발** | 履物、靴 | |
| □□ | **실례** | 失礼 | |
| □□ | **십이월** | 12月 | [시비월] |
| □□ | **십일월** | 11月 | [시비뤌] |
| □□ | **아내** | 妻 | |
| □□ | **아들** | 息子 | |
| □□ | **아래** | 下 | |
| □□ | **아버지** | 父 | |
| □□ | **아이** | 子ども | |
| □□ | **아저씨** | おじさん | |
| □□ | **아주머니** | おばさん | |
| □□ | **아침** | 朝、朝食 | |
| □□ | **아파트** | マンション | |
| □□ | **안** | 中 | |
| □□ | **안경** | 眼鏡 | |
| □□ | **앞** | ①前 ②今後、先、将来 | [압] |
| □□ | **야구** | 野球 | |
| □□ | **약** | 薬 | |
| □□ | **양말** | 靴下 | |

| | | | |
|---|---|---|---|
| ☐☐ | **어디** | どこ | |
| ☐☐ | **어머니** | 母 | |
| ☐☐ | **어제** | 昨日 | |
| ☐☐ | **어젯밤** | 昨晩 | **[어젣빰]** |
| ☐☐ | **언니** | ①(妹から見た)姉、姉さん ②(年下の女性が親しい女性に言う)姉さん、先輩 | |
| ☐☐ | **언제** | いつ | |
| ☐☐ | **얼굴** | 顔 | |
| ☐☐ | **얼마** | いくら | |
| ☐☐ | **여기** | ここ | |
| ☐☐ | **여름** | 夏 | |
| ☐☐ | **여자** | 女子 | |
| ☐☐ | **여행** | 旅行 | |
| ☐☐ | **역** | 駅 | |
| ☐☐ | **연필** | 鉛筆 | |
| ☐☐ | **영어** | 英語 | |
| ☐☐ | **영화** | 映画 | |
| ☐☐ | **영화관** | 映画館 | |
| ☐☐ | **옆** | 横、そば、隣 | **[엽]** |
| ☐☐ | **오늘** | 今日 | |
| ☐☐ | **오빠** | ①(妹から見た)兄、兄さん ②(年下の女性が親しい男性に言う)兄さん、先輩 | |
| ☐☐ | **오월** | 5月 | |
| ☐☐ | **오전** | 午前 | |
| ☐☐ | **오후** | 午後 | |
| ☐☐ | **올해** | 今年 | **[오래]** |
| ☐☐ | **옷** | 服 | **[옫]** |
| ☐☐ | **외국** | 外国 | |
| ☐☐ | **요리** | 料理 | |
| ☐☐ | **요일** | 曜日 | |

| | | | |
|---|---|---|---|
| □□ | **우리** | ①私たち ②私たちの | |
| □□ | **우리나라** | わが国 | |
| □□ | **우산** | 傘 | |
| □□ | **우유** | 牛乳 | |
| □□ | **우체국** | 郵便局 | |
| □□ | **우표** | 切手 | |
| □□ | **운동** | 運動 | |
| □□ | **월요일** | 月曜日 | [워료일] |
| □□ | **위** | 上 | |
| □□ | **유월** | 6月 | |
| □□ | **은행** | 銀行 | [으냉] |
| □□ | **음식** | 食べ物 | |
| □□ | **음악** | 音楽 | [으막] |
| □□ | **의사** | 医者 | |
| □□ | **의자** | 椅子 | |
| □□ | **이** | この | |
| □□ | **이것** | これ | [이걷] |
| □□ | **이름** | 名前 | |
| □□ | **이번** | 今回 | |
| □□ | **이번 주** | 今週 | [이번쭈] |
| □□ | **이분** | この方 | |
| □□ | **이야기** | 話、物語 | |
| □□ | **이월** | 2月 | |
| □□ | **일** | 仕事 | |
| □□ | **일본** | 日本 | |
| □□ | **일본말** | 日本語 | |
| □□ | **일본 사람** | 日本人 | [일본싸람] |
| □□ | **일본어** | 日本語 | [일보너] |
| □□ | **일요일** | 日曜日 | [이료일] |
| □□ | **일월** | 1月 | [이뤌] |

| | | | |
|---|---|---|---|
| ☐☐ | **입** | 口 | |
| ☐☐ | **자기** | ①自己、自分 ②君、お前 | |
| ☐☐ | **자리** | 席 | |
| ☐☐ | **작년** | 昨年 | [장년] |
| ☐☐ | **저**① | あの | |
| ☐☐ | **저**② | ①私、わたくし ②自分 | |
| ☐☐ | **저것** | あれ | [저걷] |
| ☐☐ | **저기** | あそこ | |
| ☐☐ | **저녁** | 夕方、夕食 | |
| ☐☐ | **저분** | あの方、その方 | |
| ☐☐ | **저희** | ①私ども ②私どもの ③彼ら、自分たち | [저히] または [저이] |
| ☐☐ | **전철** | 電車 | |
| ☐☐ | **전화** | 電話 | [저놔] |
| ☐☐ | **제** | ①わたくしの、私の ②わたくし(が) ③自分(の) ④自分(が) | |
| ☐☐ | **조선** | 朝鮮 | |
| ☐☐ | **조선말** | 朝鮮語 | |
| ☐☐ | **조선 사람** | 朝鮮人 | [조선싸람] |
| ☐☐ | **조선어** | 朝鮮語 | [조서너] |
| ☐☐ | **종이** | 紙 | |
| ☐☐ | **주** | 週 | |
| ☐☐ | **주말** | 週末 | |
| ☐☐ | **주스** | ジュース | |
| ☐☐ | **중국** | 中国 | |
| ☐☐ | **지금** | 今 | |
| ☐☐ | **지난달** | 先月 | |
| ☐☐ | **지난주** | 先週 | |
| ☐☐ | **지하철** | 地下鉄 | |
| ☐☐ | **집** | 家 | |

| | | | |
|---|---|---|---|
| ☐☐ | **차**① | お茶 | |
| ☐☐ | **차**② | 車 | |
| ☐☐ | **책** | 本 | |
| ☐☐ | **책상** | 机 | [책쌍] |
| ☐☐ | **처음** | 最初、初めて | |
| ☐☐ | **축구** | サッカー | [축꾸] |
| ☐☐ | **취미** | 趣味 | |
| ☐☐ | **치마** | スカート | |
| ☐☐ | **친구** | 友達 | |
| ☐☐ | **칠월** | 七月 | [치뤌] |
| ☐☐ | **커피** | コーヒー | |
| ☐☐ | **컴퓨터** | パソコン | |
| ☐☐ | **코** | 鼻 | |
| ☐☐ | **키** | 身長、背 | |
| ☐☐ | **택시** | タクシー | [택씨] |
| ☐☐ | **텔레비전** | テレビ | |
| ☐☐ | **토요일** | 土曜日 | |
| ☐☐ | **팔** | 腕 | |
| ☐☐ | **팔월** | 八月 | [파뤌] |
| ☐☐ | **편지** | 手紙 | |
| ☐☐ | **학교** | 学校 | [학꾜] |
| ☐☐ | **학생** | 学生、生徒、児童 | [학쌩] |
| ☐☐ | **한국** | 韓国 | |
| ☐☐ | **한국말** | 韓国語 | [한궁말] |
| ☐☐ | **한국 사람** | 韓国人 | [한국싸람] |
| ☐☐ | **한국어** | 韓国語 | [한구거] |
| ☐☐ | **한글** | ハングル | |
| ☐☐ | **할머니** | 祖母 | |
| ☐☐ | **할아버지** | 祖父 | [하라버지] |
| ☐☐ | **허리** | 腰 | |

| | | |
|---|---|---|
| □□ **형** | ①(弟から見た)兄、兄さん ②(年下の男性が親しい男性に言う)兄さん、先輩 | |
| □□ **호텔** | ホテル | |
| □□ **화요일** | 火曜日 | |
| □□ **화장실** | トイレ、化粧室 | |
| □□ **회사** | 会社 | |
| □□ **휴대폰** | 携帯電話 | |

## 動詞

| 語彙 | √CHECK 1 2 | 意味 | 変格 | 実際の発音 |
|---|---|---|---|---|
| □□ | **가다** | 行く | | |
| □□ | **가르치다** | 教える | | |
| □□ | **가지다** | 持つ | | |
| □□ | **감사하다** | ①感謝する ②ありがたい | 하 | |
| □□ | **걸리다** | ①掛かる、ひっかかる ②(時間が)かかる ③(病気に)かかる | | |
| □□ | **공부하다** | 勉強する | 하 | |
| □□ | **기다리다** | 待つ | | |
| □□ | **끝나다** | 終わる | | [끈나다] |
| □□ | **나가다** | 出る、出て行く | | |
| □□ | **나다** | 出る | | |
| □□ | **나오다** | 出てくる | | |
| □□ | **내다** | 出す | | |
| □□ | **내리다** | ①下りる、下がる、降りる ②下す、下げる | | |
| □□ | **넣다** | 入れる | | [너타] |
| □□ | **노래하다** | 歌う | 하 | |
| □□ | **놀다** | 遊ぶ | ㄹ | |
| □□ | **놓다** | 置く | | [노타] |
| □□ | **다니다** | 通う | | |

| | | | | |
|---|---|---|---|---|
| □□ | **닫다** | 閉める | | [닫따] |
| □□ | **마시다** | 飲む | | |
| □□ | **만나다** | ①会う、出会う ②遭遇する、巡り合う ③（男女が）付き合う*4級 | | |
| □□ | **만들다** | 作る | ㄹ | |
| □□ | **말하다** | 言う、話す、しゃべる | 하 | [마라다] |
| □□ | **먹다** | 食べる | | [먹따] |
| □□ | **모르다** | 知らない、分からない | 르 | |
| □□ | **못하다** | できない | 하 | [모타다] |
| □□ | **받다** | 受け取る、受ける、もらう | | [받따] |
| □□ | **배우다** | 学ぶ、習う | | |
| □□ | **벗다** | 脱ぐ | | [벋따 |
| □□ | **보내다** | 送る、届ける | | |
| □□ | **보다** | 見る | | |
| □□ | **부탁하다** | 頼む、お願いする | 하 | [부타카다] |
| □□ | **사다** | 買う | | |
| □□ | **살다** | 生きる、住む、暮らす | ㄹ | |
| □□ | **생각되다** | 考えられる、思われる | | [생각뙤다] |
| □□ | **생각하다** | 考える、思う | 하 | [생가카다] |
| □□ | **세우다** | ①立てる ②建てる ③（車を）止める | | |
| □□ | **시작되다** | 始まる | | [시작뙤다] |
| □□ | **시작하다** | 始める | 하 | [시자카다] |
| □□ | **시키다** | させる、注文する | | |
| □□ | **신다** | 履く | | [신따] |
| □□ | **싫어하다** | 嫌う、嫌がる | 하 | [시러하다] |
| □□ | **쓰다①** | 書く | 으 | |
| □□ | **쓰다②** | （眼鏡を）掛ける、（帽子を）かぶる | 으 | |
| □□ | **쓰다③** | 使う | 으 | |
| □□ | **안되다** | 駄目だ、うまくいかない | | |
| □□ | **앉다** | 座る | | [안따] |

| | | | | |
|---|---|---|---|---|
| ☐☐ | **알다** | ①知る、知っている、分かる、理解する ② わきまえる、判断する | ㄹ | |
| ☐☐ | **열다** | ①開く、開ける ②始める | ㄹ | |
| ☐☐ | **오다** | ①来る ②(雨が)降る ③帰ってくる | | |
| ☐☐ | **요리하다** | 料理する | 하 | |
| ☐☐ | **운동하다** | 運動する | 하 | |
| ☐☐ | **울다** | 泣く | ㄹ | |
| ☐☐ | **웃다** | 笑う | | [욷따] |
| ☐☐ | **이야기하다** | 話す、語る | 하 | |
| ☐☐ | **일어나다** | 起きる、生じる | | [이러나다] |
| ☐☐ | **일하다** | 働く、仕事をする | 하 | [이라다] |
| ☐☐ | **읽다** | 読む | | [익따] |
| ☐☐ | **입다** | 着る | | [입따] |
| ☐☐ | **잊다** | 忘れる | | [읻따] |
| ☐☐ | **자다** | 寝る、眠る | | |
| ☐☐ | **잘되다** | よくできる、うまくいく | | |
| ☐☐ | **잘하다** | 上手だ、うまくやる | 하 | [자라다] |
| ☐☐ | **전화하다** | 電話する | 하 | [저놔하다] |
| ☐☐ | **좋아하다** | 好む、好きだ、喜ぶ | 하 | [조아하다] |
| ☐☐ | **주다** | くれる、やる | | |
| ☐☐ | **지나다** | 過ぎる、通る | | |
| ☐☐ | **찍다** | (写真を)撮る | | [찍따] |
| ☐☐ | **찾다** | ①探す ②見つける、見つかる ③取り戻す、 (お金などを)下ろす ④訪ねる ⑤求める | | [찯따] |
| ☐☐ | **타다** | ①乗る ②(スキーなどで)滑る ③生じる | | |
| ☐☐ | **팔다** | 売る | ㄹ | |
| ☐☐ | **하다** | ①する ②〜と言う ③〜と思う | 하 | |

## 形容詞

| 語彙 | ✓CHECK 1 2 | 意味 | 変格 | 実際の発音 |
|---|---|---|---|---|
| □□ | **가깝다** | 近い | ㅂ | [가깝따] |
| □□ | **같다** | ①等しい、同じだ ②~のようだ | | [갇따] |
| □□ | **계시다** | いらっしゃる(있다の尊敬語) | | [게시다] |
| □□ | **고맙다** | ありがたい、ありがとう | ㅂ | [고맙따] |
| □□ | **고프다** | 空腹だ | 으 | |
| □□ | **괜찮다** | 大丈夫だ、構わない、平気だ | | [괜찬타] |
| □□ | **길다** | 長い | ㄹ | |
| □□ | **나쁘다** | 悪い | 으 | |
| □□ | **낮다** | 低い | | [낟따] |
| □□ | **높다** | 高い | | [놉따] |
| □□ | **늦다** | 遅い | | [늗따] |
| □□ | **덥다** | 暑い | ㅂ | [덥따] |
| □□ | **많다** | 多い | | [만타] |
| □□ | **맛없다** | まずい | | [마덥따] |
| □□ | **맛있다** | おいしい | | [마싣따] |
| □□ | **멀다** | 遠い | ㄹ | |
| □□ | **미안하다** | すまない | 하 | [미아나다] |
| □□ | **반갑다** | (久しぶりに人に会ったり思いがけず良いことに出会って)うれしい、喜ばしい、懐かしい | ㅂ | [반갑따] |
| □□ | **비싸다** | (値段が)高い | | |
| □□ | **쉽다** | 易しい、簡単だ | ㅂ | [쉽따] |
| □□ | **싫다** | 嫌だ | | [실타] |
| □□ | **싸다** | 安い | | |
| □□ | **아프다** | 痛い、(体の)具合が悪い | 으 | |
| □□ | **어렵다** | 難しい | ㅂ | [어렵따] |
| □□ | **없다** | ない、いない | | [업따] |
| □□ | **있다** | ある、いる | | [읻따] |
| □□ | **작다** | ①小さい ②(背が)低い | | [작따] |

| | 語彙 | 意味 | | 実際の発音 |
|---|---|---|---|---|
| ☐☐ | 재미없다 | つまらない、面白くない | | [재미업따] |
| ☐☐ | 재미있다 | 面白い、興味がある | | [재미읻따] |
| ☐☐ | 좋다 | 良い、好きだ | | [조타] |
| ☐☐ | 죄송하다 | 申し訳ない | 하 | |
| ☐☐ | 짧다 | 短い | | [짤따] |
| ☐☐ | 차다 | 冷たい | | |
| ☐☐ | 춥다 | 寒い | ㅂ | [춥따] |
| ☐☐ | 크다 | ①大きい ②(背が)高い | 으 | |

## 副詞

| 語彙 | √CHECK ☐1 ☐2 | 意味 | 実際の発音 |
|---|---|---|---|
| ☐☐ 같이 | | ①一緒に ②同様に ③〜のように | [가치] |
| ☐☐ 곧 | | ①すぐに ②まもなく | |
| ☐☐ 그러면 | | それなら、そうすれば | |
| ☐☐ 그런데 | | ところで、だけど | |
| ☐☐ 그리고 | | そして | |
| ☐☐ 너무 | | とても、あまりにも | |
| ☐☐ 다 | | ①全て、全部、皆 ②ほとんど | |
| ☐☐ 다시 | | また、再び | |
| ☐☐ 더 | | もっと、さらに | |
| ☐☐ 또 | | ①また、再び ②さらに、その上 | |
| ☐☐ 많이 | | たくさん | [마니] |
| ☐☐ 먼저 | | 先に | |
| ☐☐ 모두 | | ①全て、全部、皆 ②全部で | |
| ☐☐ 빨리 | | はやく、急いで | |
| ☐☐ 아주 | | とても、非常に | |
| ☐☐ 언제나 | | いつも | |
| ☐☐ 왜 | | なぜ、どうして | |
| ☐☐ 잘 | | ①立派に、上手に、うまく ②詳しく、十分に ③無事に ④よく、しばしば ⑤正しく、よろしく | |

| | | | |
|---|---|---|---|
| □□ | **정말** | 本当に | |
| □□ | **제일** | 一番 | |
| □□ | **좀** | ちょっと、少し | |
| □□ | **천천히** | ゆっくり | **[천처니]** |
| □□ | **하지만** | しかし、けれども | |

## その他

| 語彙 | ✓CHECK 1 2 | 意味 | 実際の発音 |
|---|---|---|---|
| □□ | **몇** | いくつの、いくつかの、何～ | **[면]** |
| □□ | **무슨** | 何の | |
| □□ | **어느** | どの | |
| □□ | **어느 것** | どれ | **[어느걷]** |
| □□ | **어떤** | どんな | |
| □□ | **어떻게** | どのように | **[어떠케]** |

## 動詞

| 基本形<br>✓CHECK 1 2 | 意味 | -(스) ㅂ니다<br>～します | -(으) ㄹ까요 (?)<br>～しましょうか(?) |
|---|---|---|---|
| □□ **가르치다** | 教える | 가르칩니다 | 가르칠까요 |
| □□ **가지다** | 持つ | 가집니다 | 가질까요 |
| □□ **걸리다** | 掛かる | 걸립니다 | 걸릴까요 |
| □□ **결혼하다** | 結婚する | 결혼합니다 | 결혼할까요 |
| □□ **공부하다** | 勉強する | 공부합니다 | 공부할까요 |
| □□ **기다리다** | 待つ | 기다립니다 | 기다릴까요 |
| □□ **내리다** | 降りる、降ろす、降る | 내립니다 | 내릴까요 |
| □□ **놀다** | 遊ぶ | 놉니다 | 놀까요 |
| □□ **다니다** | 通う | 다닙니다 | 다닐까요 |
| □□ **닫다** | 閉める | 닫습니다 | 닫을까요 |
| □□ **마시다** | 飲む | 마십니다 | 마실까요 |
| □□ **만들다** | 作る | 만듭니다 | 만들까요 |
| □□ **모르다** | 知らない | 모릅니다 | 모를까요 |
| □□ **못하다** | できない | 못합니다 | 못할까요 |

| -(으)세요(?)<br>～してください、<br>～なさいます(か?) | -아/어/여요(?)<br>～します(か?) | -았/었/였습니다<br>～しました | -았/었/였어요(?)<br>～しました(か?) | -지요(?)<br>～しますよ、<br>～しますよね? |
|---|---|---|---|---|
| 가르치세요 | 가르쳐요 | 가르쳤습니다 | 가르쳤어요 | 가르치지요 |
| 가지세요 | 가져요 | 가졌습니다 | 가졌어요 | 가지지요 |
| 걸리세요 | 걸려요 | 걸렸습니다 | 걸렸어요 | 걸리지요 |
| 결혼하세요 | 결혼해요 | 결혼했습니다 | 결혼했어요 | 결혼하지요 |
| 공부하세요 | 공부해요 | 공부했습니다 | 공부했어요 | 공부하지요 |
| 기다리세요 | 기다려요 | 기다렸습니다 | 기다렸어요 | 기다리지요 |
| 내리세요 | 내려요 | 내렸습니다 | 내렸어요 | 내리지요 |
| 노세요 | 놀아요 | 놀았습니다 | 놀았어요 | 놀지요 |
| 다니세요 | 다녀요 | 다녔습니다 | 다녔어요 | 다니지요 |
| 닫으세요 | 닫아요 | 닫았습니다 | 닫았어요 | 닫지요 |
|  | 마셔요 | 마셨습니다 | 마셨어요 | 마시지요 |
| 만드세요 | 만들어요 | 만들었습니다 | 만들었어요 | 만들지요 |
| 모르세요 | 몰라요* | 몰랐습니다* | 몰랐어요* | 모르지요 |
| 못하세요 | 못해요 | 못했습니다 | 못했어요 | 못하지요 |

| 基本形<br>✓CHECK 1 2 | 意味 | -(스)ㅂ니다<br>～します | -(으)ㄹ까요(?)<br>～しましょうか(?) |
|---|---|---|---|
| □□ **받다** | 受け取る、もらう | **받습니다** | **받을까요** |
| □□ **배우다** | 学ぶ、習う | **배웁니다** | **배울까요** |
| □□ **벗다** | 脱ぐ | **벗습니다** | **벗을까요** |
| □□ **보내다** | 送る、届ける | **보냅니다** | **보낼까요** |
| □□ **보다** | 見る | **봅니다** | **볼까요** |
| □□ **살다** | 生きる、住む | **삽니다** | **살까요** |
| □□ **시키다** | させる、注文する | **시킵니다** | **시킬까요** |
| □□ **싫어하다** | 嫌う、いやがる | **싫어합니다** | **싫어할까요** |
| □□ **쓰다** | 書く、使う、(眼鏡を)掛ける | **씁니다** | **쓸까요** |
| □□ **앉다** | 座る | **앉습니다** | **앉을까요** |
| □□ **알다** | 知る、わきまえる | **압니다** | **알까요** |
| □□ **열다** | 開く、開ける | **엽니다** | **열까요** |
| □□ **울다** | 泣く | **웁니다** | **울까요** |
| □□ **웃다** | 笑う | **웃습니다** | **웃을까요** |
| □□ **읽다** | 読む | **읽습니다** | **읽을까요** |
| □□ **입다** | 着る | **입습니다** | **입을까요** |
| □□ **좋아하다** | 好む、好きだ、喜ぶ | **좋아합니다** | **좋아할까요** |
| □□ **찾다** | 探す、(お金を)おろす | **찾습니다** | **찾을까요** |
| □□ **팔다** | 売る | **팝니다** | **팔까요** |

| -(으)세요(?)<br>〜してください、<br>〜なさいます(か?) | -아/어/여요(?)<br>〜します(か?) | -았/었/였습니다<br>〜しました | -았/었/였어요(?)<br>〜しました(か?) | -지요(?)<br>〜しますよ、<br>〜しますよね? |
|---|---|---|---|---|
| 받으세요 | 받아요 | 받았습니다 | 받았어요 | 받지요 |
| 배우세요 | 배워요 | 배웠습니다 | 배웠어요 | 배우지요 |
| 벗으세요 | 벗어요 | 벗었습니다 | 벗었어요 | 벗지요 |
| 보내세요 | 보내요 | 보냈습니다 | 보냈어요 | 보내지요 |
| 보세요 | 봐요 | 봤습니다 | 봤어요 | 보지요 |
| 사세요 | 살아요 | 살았습니다 | 살았어요 | 살지요 |
| 시키세요 | 시켜요 | 시켰습니다 | 시켰어요 | 시키지요 |
| 싫어하세요 | 싫어해요 | 싫어했습니다 | 싫어했어요 | 싫어하지요 |
| 쓰세요 | 써요 | 썼습니다 | 썼어요 | 쓰지요 |
| 앉으세요 | 앉아요 | 앉았습니다 | 앉았어요 | 앉지요 |
| 아세요 | 알아요 | 알았습니다 | 알았어요 | 알지요 |
| 여세요 | 열어요 | 열었습니다 | 열었어요 | 열지요 |
| 우세요 | 울어요 | 울었습니다 | 울었어요 | 울지요 |
| 웃으세요 | 웃어요 | 웃었습니다 | 웃었어요 | 웃지요 |
| 읽으세요 | 읽어요 | 읽었습니다 | 읽었어요 | 읽지요 |
| 입으세요 | 입어요 | 입었습니다 | 입었어요 | 입지요 |
| 좋아하세요 | 좋아해요 | 좋아했습니다 | 좋아했어요 | 좋아하지요 |
| 찾으세요 | 찾아요 | 찾았습니다 | 찾았어요 | 찾지요 |
| 파세요 | 팔아요 | 팔았습니다 | 팔았어요 | 팔지요 |

## 形容詞

| 基本形 ✓CHECK 1 2 | 意味 | -(스)ㅂ니다 〜です | -(으)세요(?) 〜でいらっしゃいます(か?) | -아/어/여요(?) 〜です(か?) | -았/었/였어요(?) 〜でした(か?) |
|---|---|---|---|---|---|
| □□ **가깝다** | 近い | 가깝습니다 | 가까우세요* | 가까워요* | 가까웠어요* |
| □□ **같다** | 同じだ | 같습니다 | 같으세요 | 같아요 | 같았어요 |
| □□ **고맙다** | ありがたい | 고맙습니다 | 고마우세요* | 고마워요* | 고마웠어요* |
| □□ **고프다** | 空腹だ | 고픕니다 | 고프세요 | 고파요 | 고팠어요 |
| □□ **괜찮다** | 大丈夫だ | 괜찮습니다 | 괜찮으세요 | 괜찮아요 | 괜찮았어요 |
| □□ **길다** | 長い | 깁니다 | 기세요 | 길어요 | 길었어요 |
| □□ **나쁘다** | 悪い | 나쁩니다 | 나쁘세요 | 나빠요 | 나빴어요 |
| □□ **낮다** | 低い | 낮습니다 | 낮으세요 | 낮아요 | 낮았어요 |
| □□ **높다** | 高い | 높습니다 | 높으세요 | 높아요 | 높았어요 |
| □□ **늦다** | 遅い | 늦습니다 | 늦으세요 | 늦어요 | 늦었어요 |
| □□ **덥다** | 暑い | 덥습니다 | 더우세요* | 더워요* | 더웠어요* |
| □□ **많다** | 多い | 많습니다 | 많으세요 | 많아요 | 많았어요 |
| □□ **맛없다** | まずい | 맛없습니다 | 맛없으세요 | 맛없어요 | 맛없었어요 |
| □□ **맛있다** | おいしい | 맛있습니다 | 맛있으세요 | 맛있어요 | 맛있었어요 |
| □□ **멀다** | 遠い | 멉니다 | 머세요 | 멀어요 | 멀었어요 |
| □□ **미안하다** | すまない | 미안합니다 | 미안하세요 | 미안해요 | 미안했어요 |

| 基本形 ✓CHECK 1 2 | 意味 | -(스)ㅂ니다 ～です | -(으)세요(?) ～でいらっしゃいます(か?) | -아/어/여요(?) ～です(か?) | -았/었/였어요(?) ～でした(か?) |
|---|---|---|---|---|---|
| □□ 반갑다 | (会えて) うれしい | 반갑습니다 | 반가우세요* | 반가워요* | 반가웠어요* |
| □□ 비싸다 | (値段が) 高い | 비쌉니다 | 비싸세요 | 비싸요 | 비쌌어요 |
| □□ 쉽다 | 易しい | 쉽습니다 | 쉬우세요* | 쉬워요* | 쉬웠어요* |
| □□ 싫다 | いやだ | 싫습니다 | 싫으세요 | 싫어요 | 싫었어요 |
| □□ 싸다 | 安い | 쌉니다 | 싸세요 | 싸요 | 쌌어요 |
| □□ 아프다 | 痛い | 아픕니다 | 아프세요 | 아파요 | 아팠어요 |
| □□ 어렵다 | 難しい | 어렵습니다 | 어려우세요* | 어려워요* | 어려웠어요* |
| □□ 작다 | 小さい | 작습니다 | 작으세요 | 작아요 | 작았어요 |
| □□ 재미있다 | 面白い | 재미있습니다 | 재미있으세요 | 재미있어요 | 재미있었어요 |
| □□ 재미없다 | つまらない | 재미없습니다 | 재미없으세요 | 재미없어요 | 재미없었어요 |
| □□ 좋다 | 良い、 好きだ | 좋습니다 | 좋으세요 | 좋아요 | 좋았어요 |
| □□ 죄송하다 | 申し訳ない | 죄송합니다 | 죄송하세요 | 죄송해요 | 죄송했어요 |
| □□ 짧다 | 短い | 짧습니다 | 짧으세요 | 짧아요 | 짧았어요 |
| □□ 차다 | 冷たい | 찹니다 | 차세요 | 차요 | 찼어요 |
| □□ 춥다 | 寒い | 춥습니다 | 추우세요* | 추워요* | 추웠어요* |
| □□ 크다 | 大きい | 큽니다 | 크세요 | 커요 | 컸어요 |

# 「ハングル」能力試験 5級
## 模擬試験　解答用紙（マークシート）

受験日 [ 　／　 ]

■ 聞き取り問題

| 問題 | 問 | 解答番号 | マークシートチェック欄 |
|---|---|---|---|
| **1** | 1) | 1 | [1] [2] [3] [4] |
| | 2) | 2 | [1] [2] [3] [4] |
| | 3) | 3 | [1] [2] [3] [4] |
| **2** | 1) | 4 | [1] [2] [3] [4] |
| | 2) | 5 | [1] [2] [3] [4] |
| | 3) | 6 | [1] [2] [3] [4] |
| | 4) | 7 | [1] [2] [3] [4] |
| **3** | 1) | 8 | [1] [2] [3] [4] |
| | 2) | 9 | [1] [2] [3] [4] |
| | 3) | 10 | [1] [2] [3] [4] |
| | 4) | 11 | [1] [2] [3] [4] |
| | 5) | 12 | [1] [2] [3] [4] |
| **4** | 1) | 13 | [1] [2] [3] [4] |
| | 2) | 14 | [1] [2] [3] [4] |
| | 3) | 15 | [1] [2] [3] [4] |
| | 4) | 16 | [1] [2] [3] [4] |
| | 5) | 17 | [1] [2] [3] [4] |
| | 6) | 18 | [1] [2] [3] [4] |
| **5** | 1) | 19 | [1] [2] [3] [4] |
| | 2) | 20 | [1] [2] [3] [4] |

■ 筆記問題

| 問題 | 問 | 解答番号 | マークシートチェック欄 |
|---|---|---|---|
| **1** | 1) | 1 | [1] [2] [3] [4] |
| | 2) | 2 | [1] [2] [3] [4] |
| | 3) | 3 | [1] [2] [3] [4] |
| **2** | 1) | 4 | [1] [2] [3] [4] |
| | 2) | 5 | [1] [2] [3] [4] |
| | 3) | 6 | [1] [2] [3] [4] |
| | 4) | 7 | [1] [2] [3] [4] |
| **3** | 1) | 8 | [1] [2] [3] [4] |
| | 2) | 9 | [1] [2] [3] [4] |
| | 3) | 10 | [1] [2] [3] [4] |
| | 4) | 11 | [1] [2] [3] [4] |
| | 5) | 12 | [1] [2] [3] [4] |
| **4** | 1) | 13 | [1] [2] [3] [4] |
| | 2) | 14 | [1] [2] [3] [4] |
| | 3) | 15 | [1] [2] [3] [4] |
| | 4) | 16 | [1] [2] [3] [4] |
| | 5) | 17 | [1] [2] [3] [4] |
| **5** | 1) | 18 | [1] [2] [3] [4] |
| | 2) | 19 | [1] [2] [3] [4] |
| | 3) | 20 | [1] [2] [3] [4] |
| | 4) | 21 | [1] [2] [3] [4] |
| **6** | 1) | 22 | [1] [2] [3] [4] |
| | 2) | 23 | [1] [2] [3] [4] |
| **7** | 1) | 24 | [1] [2] [3] [4] |
| | 2) | 25 | [1] [2] [3] [4] |
| | 3) | 26 | [1] [2] [3] [4] |
| **8** | 1) | 27 | [1] [2] [3] [4] |
| | 2) | 28 | [1] [2] [3] [4] |
| | 3) | 29 | [1] [2] [3] [4] |
| **9** | 1) | 30 | [1] [2] [3] [4] |
| | 2) | 31 | [1] [2] [3] [4] |
| **10** | 1) | 32 | [1] [2] [3] [4] |
| | 2) | 33 | [1] [2] [3] [4] |
| | 3) | 34 | [1] [2] [3] [4] |
| | 4) | 35 | [1] [2] [3] [4] |
| | 5) | 36 | [1] [2] [3] [4] |
| **11** | 1) | 37 | [1] [2] [3] [4] |
| | 2) | 38 | [1] [2] [3] [4] |
| **12** | 1) | 39 | [1] [2] [3] [4] |
| | 2) | 40 | [1] [2] [3] [4] |

## [注意事項]
・解答にはHBの黒鉛筆（シャープペンシルも可）を使用してください。
・解答を訂正する場合は消しゴムできれいに消してください。
・所定の場所以外は記入しないでください。

### ●マーク例

| 良い例 | 悪い例 | | |
|---|---|---|---|
| ■ | [ ✓ ] | ⊢—⊣ | ⬬ |

※模擬試験の解答用紙として、切り取って、または本に付けたままお使いください。
※何度も解く場合はこのページをコピーしてお使いください。

キリトリ✂

著者プロフィール

# 林京愛（イム・ギョンエ）

お茶の水女子大学大学院人間文化研究科修士課程修了。同大学院人間文化研究科国際日本学専攻博士課程単位取得。ソウル大学韓国語教員養成課程修了。一般企業、教育機関などでの通訳・翻訳経験多数。韓国語学校「チョウンチング韓国語学院」の学院長を務め、江戸川大学、神田外語学院などでの非常勤講師、警視庁外国語教育機関勤務等を経て現在、目白大学韓国語学科、中央学院大学非常勤講師。著書に『最強の！韓国語表現』『料理で学ぶ韓国語レッスン』『私の韓国語手帖—単語絵本とかんたんフレーズ』『あなただけの韓国語家庭教師』（全て国際語学社）、『新装版ハングル能力検定試験４級完全対策』『新装版ハングル能力検定試験３級完全対策』『新装版ハングル能力検定試験準２級完全対策』（全てHANA）など。

# 新装版「ハングル」能力検定試験5級完全対策

2024年 2月11日　初版発行

| | |
|---|---|
| 著者 | 林京愛 |
| 編集 | 河井佳 |
| デザイン・DTP | 洪永愛(Studio H2) |
| イラスト | ほり みき |
| ナレーション | イ・ジェウク、イム・チュヒ、菊地信子 |
| 録音・編集 | 小野博 |
| 印刷・製本 | 中央精版印刷株式会社 |

発行人　裵正烈

発行　株式会社HANA
　　　〒102-0072 東京都千代田区飯田橋4-9-1
　　　TEL：03-6909-9380　FAX：03-6909-9388
　　　E-mail：info@hanapress.com

発売　株式会社インプレス
　　　〒101-0051 東京都千代田区神田神保町一丁目105番地

●本の内容に関するお問い合わせ先
HANA 書籍編集部
TEL：03-6909-9380　FAX：03-6909-9388　E-mail：info@hanapress.com

●乱丁本・落丁本の取り替えに関するお問い合わせ先
インプレス カスタマーセンター
FAX：03-6837-5023　E-mail：service@impress.co.jp
※古書店で購入されたものについてはお取り替えできません。

# 韓国語能力試験
# TOPIK I 【初級】
# 完全対策

好評
発売中!!

韓国語評価研究所［著］
HANA韓国語教育研究会［翻訳］

定価：2,530円（本体2,300円＋税10%）
ISBN978-4-8443-7664-4

韓国への留学・就職などで韓国語能力の判断基準になり、年々受験者が増えているTOPIK。資格取得という目的にとどまらず、自分の韓国語能力を客観的に判断し、バランスの取れた学習を行うためにもぜひおすすめしたい試験です。

TOPIK（韓国語能力試験）は、2014年10月（韓国では2014年7月）より、新しい形式の試験に生まれ変わりました。従来の韓国語能力試験がアカデミックな言語能力の評価に重点を置いていたのに対し、新しいTOPIKではより実用的な言語能力を評価する方向に変更されました。初級レベルに当たるTOPIK Iでは、試験時間が短縮された他、「作文」問題がなくなり、「語彙および文法」が他のセクションに組み込まれるなど、試験形式にも変更が出ており、これからTOPIK Iを受験する人は何よりも新しい試験形式に慣れる必要があります。

本書はこうした変更点を全てカバーしたTOPIK対策書です！ 初級レベルに当たるTOPIK Iの問題形式、出題傾向を解説し、それに沿った練習問題を準備しました。さらに自分の実力と学習の成果を確認できる、本番さながらの模擬試験問題を3回分収録してあります。模擬試験は、解答のみならず全ての問題に詳細な解説を加えてあるため、分からなかったポイントを解消しながら、試験対策をばっちり行うことができます！ これまで準備をしてきた人も、とにかく新しい試験形式に慣れることができるように配慮してあります。